让孩子
爱上阅读

王昌国 / 著

中国商业出版社

图书在版编目（CIP）数据

让孩子爱上阅读 / 王昌国著. -- 北京：中国商业
出版社, 2019.10
　　ISBN 978-7-5208-0921-4

　　Ⅰ. ①让… Ⅱ. ①王… Ⅲ. ①读书方法－青少年读物
Ⅳ. ①G792-49

　　中国版本图书馆 CIP 数据核字(2019)第 212621 号

责任编辑：刘万庆

中国商业出版社出版发行
010-63180647　　www.c-cbook.com
（100053　北京广安门内报国寺 1 号）
新华书店经销
三河市长城印刷有限公司印刷

*

710 毫米×1000 毫米　16 开　11.5 印张　155 千字
2019 年 11 月第 1 版　2019 年 11 月第 1 次印刷
定价：48.00 元

* * * *

（如有印装质量问题可更换）

前言

带孩子阅读，之前只为自家娃服务。2017 年 6 月，微博著名意见领袖、琢磨先生郭成鼓励我在小鹅通平台上进行了一次分享，让更多的人了解了我的做法。后来，在刘彦君等家长的鼓动下，我于 2018 年春节在深圳举办了第一次线下集中封闭式读书会，来自广东、四川、湖南、湖北、浙江、江苏以及北京等地区的家长，给了我极大的信任。之后，我又陆续举办了几场线下和线上读书会。本书为读书会的部分内容，书中有建议家长如何有效使用参考书的方法，家长们也可以使用书中的阅读材料，举办自己的读书会。书中实践部分来自孩子们线上体验或现场的表现，原汁原味，没有后期加工。希望本书是他们美好回忆中的一部分。

孩子的未来拥有无限可能性，培养孩子也有多种方式，阅读只是其中的一种。阅读的方法也非常多，本书提倡的引导式阅读只是其中的一种。

不同的价值观会催生出不同的教育理念。本书以我自己的教育理念（参见本书序言部分）为基础，分为两个部分，第一部分介绍了亲子阅读的方法，帮助家长引导自家孩子进行阅读；第二部分介绍了两种带孩子阅读的方式，一是"一对一"的引导，二是"一对多"的小型读书会。另外，书中还介绍了适合不同年龄段孩子的读书会，1～3 年级的孩子，阅读绘本；4～6 年级的孩子，阅读成语故事；7～9 年级的孩子，阅读严肃材料；高中生，阅读论文和心理学实验材料。

序1：读书会的前世今生

【缘起：读书会评委】

2016年4月25日，我受好友赵隽隽之邀，到麒麟中学参加赵隽隽儿子赵耘逸所在班级的读书会，担任评委。我当天的日记是这样写的：

我作为评委参加赵耘逸班上的读书分享会（另外3位评委是赵隽隽和两位家长）。校方比较重视，副校长、年级主任都来了，家长也来了不少。这次读书会是在寒假期间做的准备，共8本书，每本书分享的人数不一（自由组合）。分享的书目分别是：《海底两万里》《创客》《哈姆雷特》《老人与海》《神的九十亿个名字》《人类群星闪耀时》《从一到无穷大》《当我开始真正爱自己》。

读书分享会是以小组的形式进行的，大部分是平均分摊内容。不过，有两个组设计了情景剧，其中《老人与海》还加入了跑男中撕名牌的形式。这次分享也是段忆娜班主任工作室启动仪式，这个工作室的口号是"每天精彩一分钟，坐在教室听世界"。

校长在最后的总结讲话中提到班主任的3个关键词：引领、启智、造梦。8个小组，2个二等奖，4个一等奖，1个特等奖。赵耘逸是一等奖，特等奖被人数最多的《从一到无穷大》组获得。

我能担任这次读书分享会的评委，原因在于5年前与赵隽隽的一段交集。2001年，当时我还在中兴通讯任培训经理，赵隽隽是致铭科技的创始人，于是我们两个人有了业务上的联系。后来，我从中兴通讯离职，担任致铭科技的管理

顾问，负责指导开发网上培训管理系统，算是有深度合作。我平时还喜欢看书，而且经常在搜狐博客中分享心得，于是赵隽隽邀请我担任他儿子班上这次读书活动的评委。

当天下午读书分享会结束后，段忆娜老师、赵隽隽夫妇和我一起吃饭。大家边吃边聊孩子的阅读，最后总结出目标：第一，利用周末的时间，继续举办读书会，提升孩子的阅读能力；第二，由我来带领孩子们阅读一本书！事先让孩子们阅读，一个月后再来分享。并且最后确定下来此次读书会选读的是德·博诺的《六项思考帽》。段忆娜老师把孩子们分成6组，每组学习一顶"帽子"，家长委员会负责购书，我负责设计课程。

【尝试：班级读书会】

2016年6月7日下午，段老师班上的同学们分享了关于《六项思考帽》的学习心得。我当天的日记是这样写的：

读书会从下午的2：30开始。同学们分成6个小组，每个小组的组长坐在前面，桌子上制作了相应的"帽子"，大家穿的是礼服，很是正式。

我先用20分钟来介绍六项思考帽的背景知识，主要是播放德·博诺的视频。然后是对每个"帽子"进行分享，同学们以读书为主，偶尔有举例子。对每顶"帽子"，我都进行了补充和深入的讲解，这个比较费时间。

第三部分是抢答——我在读书会开始之前准备了50道判断题。孩子们对每个"帽子"的概念基本清楚，就是在古诗词上有些陌生，出现了一些错误。不过还好，只有几个题目出现了答错的情况。

最后，是组织"帽子式"讨论，他们定的主题是"早恋"。顺序是：白帽组，负责提供关于中学生早恋的数据。白帽组还真是花了功夫，并从网上找了一些资料。然后是黄帽组，分析早恋的好处，比如锻炼交际能力、互相促进学习，等等。接着是黑帽组，指出早恋的坏处，如感情波动影响学习、分散精力与时间、拖后

腿等。然后是绿帽组，讨论如何解决早恋的问题，比如克制、自我管理、暂时分开等。蓝帽组总结后就是红帽，红帽提出的问题是早恋好不好？当然，绝大部分同学回答"不好"。

最后一步是评选，每个小组评选出优秀学员，我们根据抢答和分享的表现，选出优胜小组——绿帽队。

2016 年 7 月 8 日下午，我在儿子班上（学府中学初一 9 班）也组织大家学习了《六项思考帽》这本书。

【定型：少年读书会】

2016 年 5 月 8 日下午 1~3 点，第一期读书会在我家附近的名典咖啡店举行。参加读书会的有儿子在小区的朋友、他的初中同学、段忆娜老师和她的女儿王奕伊、赵隽隽夫妇及孩子赵耘逸、赵耘逸的同学洪枫和他的妈妈，此外还有薛文慧（住在我们小区）、熊心远（儿子邀请的）、张宇祺（儿子的朋友，住在我们小区）。

读书会学习的书籍是《微创新：5 种微小改变创造伟大产品》，书的作者是德鲁·博迪和雅各布·戈登堡。这本书的内容是讲创新的，有 5 个工具。考虑到时间只有一个半小时，我只准备了前 3 个工具。我把书中的一些内容提前复印好，在读书会的现场给孩子们阅读。

我当天的日记中有这么一段：

首先是我主持分享《微创新：5 种微小改变创造伟大产品》。我先让同学们做自我介绍：我是谁？我为什么来这里？我对今天的期望是什么？

我是用"1+1=？"和"2=？+？"开始导入课程的（左脑思维和右脑思维），讲了这本书的前 3 个工具。第一个工具是我先讲原则、故事，然后让大家举例子。考虑到时间关系，第 2、3 个工具我一块儿讲了，然后再让他们举例子。

第二段 40 分钟，讲的是自己如何读一本书及如何组织大家读一本书。我区分了"求知"与"求真"，提出了"求真"用 ORID（阅读、诠释、意义、应用），

建议他们建一个自己的学习目录。也定下了下周要分享的书籍是《你的灯亮着吗？》。下次的分享是同学们先看书，然后我来组织分享。

这一年，我共举办了 14 期读书会，一直学习到 12 月 25 日。

【影响：网络分享】

我身边好友中，琢磨先生是个网络达人，也是个社会名人，项目管理专家，有一定的影响力，他一直鼓励我分享带孩子阅读的经验。

2017 年 6 月 10—11 日，我在小鹅通分享平台上做了两次"带孩子爱上阅读"的分享，每次一个小时。分享的大纲是：

一、让孩子爱上阅读

1. 学莫便乎近其人：双亲做什么？

2. 人是环境的宠儿：家居如何设计？

3. 近朱者赤，近墨者黑：交友的圈子。

二、让孩子学会阅读

1.ORID：引导孩子阅读。

2.Reading Response：引导孩子总结。

3. 家庭读书会：找到爱阅读的同伴。

三、让孩子持续阅读

1. 行为基于原则：培养孩子的独立人格。

2. 学校读书会：让同学们都爱上阅读。

3. 从写话到心得再到公众号：让孩子看到阅读的成果。

分享结束后，琢磨先生创建了一个"让孩子爱上阅读"的微信群，在群里大家分享带孩子（不仅限于阅读）的困惑、经验，不仅是我和大家交流，"群众"也互相交流、分享，有点"抱团取暖"的感觉。

这次分享，让更多的人知道了我正在做的事情，他们开始重视孩子的阅读，

有的已经开始和我一样举办孩子的读书会了。

【成熟：昌国私塾读书会】

在读书会群中，大家不断交流孩子阅读体验。某日，群里二年级孩子的妈妈刘彦君提议，让我举办一期针对小学低年级孩子的读书会，不是半天而是集中搞四天。

于是，2018 年 2 月 20 日，狗年春节刚过，来自北京、杭州、南京、武汉、成都、永州和深圳的 10 个家庭，陆续抵达深圳青青世界，开始了为期四天的昌国私塾读书会。

举办这次读书会，基于以下几点考虑：第一，所谓"授之以鱼不如授之以渔"，此次读书会最主要的目的就是教会家长们如何举办孩子的读书会。我选择了绘本、故事书、电影、思维类等不同类的几种书籍，向大家展现不同的引导方法。第二，教孩子们学习如何阅读偏严肃的、非漫画类的书籍，即阅读未知。在读书会现场，孩子们通过我的引导、家长的辅导，提升阅读技能。第三，孩子和家长通过读书会的主题书籍，学到一些有用的知识，以此提升自我。第四，家长聚会，也算是给自己放假，还可以以共同成长的方式陪伴孩子学习，增进亲子关系。

读书会安排了 4 本书和 1 部电影，我以提问的方式带领孩子们阅读。除了课堂上的学习，每天晚上家长们都要在我的房间里开会，对白天的学习进行总结。先是根据我介绍的今天的引导思路，大家谈自己的感受，然后我把每门课程的教学设计（或者引导语）发给大家。

晚上座谈会的主题，都是关于孩子的培养问题。大家不仅谈白天观察到的（即发生在自己孩子身上的）问题，还谈了平时在生活中遇到的问题，所以每次座谈会都会超过 2 个小时。家长们针对当前家庭教育面临的难题、困惑都充分发表了自己的看法，有针对性地提出了很好的建议。

读书会一开始，我设计了"家长观察表"。坐在后排的家长，不仅要观察孩

子的表现，还要思考自己；不仅要观察自己孩子的表现，还要观察别人家孩子的表现；不仅要关注自己孩子在阅读方面的表现，还要观察孩子在人际方面的表现，共 20 多个观察点。座谈会结束后，家长要根据"观察表"和自己的孩子进行充分的沟通。

到 2018 年年底，我们在深圳和成都共举办了 7 期这种集中封闭的读书会。

【创新：网络读书会】

读书会的影响在慢慢扩大，读书会群的人数也从一开始的 140 人增加到了 340 人。利用节假日举办 3~4 天的集中封闭读书会，越来越不能满足大家的需求了——毕竟，每次只有不到 10 个家庭能够参与进来。经过讨论，大家觉得可以尝试在网络上举办读书会。

考虑到效果，如同线下现场读书会，网络读书会的人数也有上限，控制在 8 人以内，而且尽量是差不多的年级。网络读书会以"成语故事"为载体，以"引导式提问"为主要方式，侧重提升孩子们的素质。

成语故事提前发给孩子们阅读，他们需要找出这个成语的近义词和反义词，需要了解这个成语故事的寓意。在读书会期间，引导者提问，孩子们回答，无所谓正确答案，关键是思考。一问一答中，孩子们有所触动，收获多多。

自 2018 年 4 月 9 日举办第一期网络读书会，到年底共举办了 13 期。

网络读书会中用到的成语，大多来自中国台湾白鹤文化出版社出版的《写给儿童的成语故事》这套丛书。

序2：我的教育观

【人是环境的产物】

在 30 岁以上人群的日常闲谈中，往往会说到孩子。这是一个愉快的话题，因为每个人都可以找到自己孩子值得夸耀的地方。但这也是一个容易以不愉快收尾的话题，因为稍微说深一点，就会涉及价值观。每个家庭的价值观不同，对孩子的教育理念也不同。但无论如何，大家都认同家庭对孩子成长的影响。所以，家长爱看书，孩子爱看书的概率就要高一些。

对孩子来说，影响其成长的两大环境是家庭和学校。

3 岁之前影响孩子成长的基本上是家庭。根据意大利幼儿教育家玛利娅·蒙台梭利的观点，孩子在 2 岁左右，就可以掌握一门母语，娴熟运用，毫不疲倦，这是生命后期永远无法做到的。

不同的家庭在培养孩子方面的价值观不同，家长的做法也不同。简单来说，由保姆带大的孩子、由爷爷奶奶带大的孩子、由妈妈带大的孩子、由双亲带大的孩子，其结果都是不一样的。

人到中年，事业处于上升期，在家庭和工作中，总是需要取舍，在某些方面做些牺牲。如果说 3 岁之前的孩子以"养"为主的话，那么 3~6 岁的孩子就是"养、育"的平衡了，而 6 岁之后"育"更加重要。以我家为例，儿子 3 岁前，老婆带为主，我上班。4~6 岁，我和老婆在孩子身上花的时间差不多。7 岁以后，我陪孩子的时间多。

3 岁以后，孩子上幼儿园，开始接受学校的影响，特别是老师的影响。如果准备让孩子出国，一般不上公立幼儿园。如果想让孩子走国内教育，我觉得选择蒙氏幼儿园要慎重些：一是国内蒙氏师资良莠不齐，大多数蒙氏幼儿园的老师不是科班出身；二是蒙氏的教育理念很难与国内公立小学衔接。

孩子上小学，只能靠"划片"的话，运气就很关键。国内公立学校有两个极端：一是唯成绩论，老师争相给孩子布置作业，如果孩子在晚上 10 点之前能够完成，老师都不好意思跟家长打招呼。衡水中学虽然进驻杭州受挫，但已经在国内其他地方花开正红。另一个极端是完全没有作业（压力），不走应试教育路线。这类学校以国外教育机构为主，比如蒙台梭利学校、华德福学校和道尔顿学校等。当然，大部分的学校介于两者之间。

"70 后"的家长可能有体会：我们自己大多生活在"放养"式家庭，我的父母不识字，上学回来作业很少，大部分时间是做家务和玩耍。这是一种极端，也就是对孩子基本上放任不管，家长主要负责吃穿住行。孩子的学业全部交给学校，自己顶多签签字，很少参加家长会，孩子在学校的表现基本上一无所知。前几次的考试成绩是个标准，只要以后的成绩不低于这个成绩，就可以了。另一个极端是整惨型，也就是让孩子参加各种兴趣班、补习班，甚至是奥数班。周末 4 个半天，至少安排 3 个半天，孩子基本上没有时间玩耍。大多数家庭介于两者之间。

【培养独立人格】

对于孩子的未来，大部分家长都有过这样两种考虑。一种是回归传统，让孩子上国学幼儿园，参加各种国学班，让孩子背《孝经》《弟子规》《百家姓》《三字经》《论语》之类的传统书籍。另一个极端是一门心思出国，从幼儿园开始，就不入公立学校，准备让孩子初中或高中时出国，不走中国应试路线，不挤高考独木桥。这是有钱、有关系、有想法的人的做法。

作为家长，不能放弃培养孩子的责任，同时也不能替孩子做得太多。这个平衡，很难把控。据我观察，大部分家长很少阅读育儿方面的书，部分家长可能阅读过《0岁方案》之类的书籍。随着孩子的成长，家长发现自己教育孩子越来越吃力：现在考虑的不是如何让孩子吃饭，而是如何对付孩子的作业问题。

要不要让孩子不输在起跑线上？要不要报奥数班？要不要报补习班？兴趣班报几个？很多家长都在纠结这些问题。

我的观点是：父母很难成为孩子的设计师，但可以成为园丁。设计师呕心沥血做构思，一丝不苟抓细节，让一切按自己的设想发生。园丁主要是浇浇水、培培土、施施肥，偶尔做点修剪，尽量让其自然生长。

未来具有太多的不确定性，孩子有更多的可能性。"莫欺少年穷"就是这个道理。我们无法设计孩子的一生，但我们现在的行为将影响孩子的一生。

行为基于原则。培养孩子如果没有原则，就会"随大流"，会因某个专家的观点而改弦易辙，会对各种不同甚至冲突的理念无所适从。这样一来，孩子就会感觉到家长今天这样明天那样，父亲这样母亲那样，使孩子没有安全感和成就感。

未来不可预测，不知道需要何种能力。因此，我不看重培养孩子的某一种具体技能。我更加注重培养能力背后的素质，培养行为背后的人格。

未来社会，信息极度丰富，系统高度复杂，孩子会面临无数的选择和机遇。我希望他不要迷失、不要人云亦云、不要怨天尤人，要成为一个拥有独立人格的人！

知名心理学家武志红在其著作《巨婴国》一书中描述了与独立人格相反的一种人——"妈宝男"，他们没有自己独立的思想，听妈妈的话。我身边有不少女性朋友的老公就是这样的"妈宝男"，苦不堪言。她们有的干脆离婚，有的还在苦苦支撑，估计希望不大。在我的公众号中我写过真人真事，文章的标题是"长不大的巨婴"。

著名历史学家孙隆基先生在其著作《中国文化的深层结构》一书中深度剖析了这种人格，它来自中国传统文化——家长制。为此，我特别小心，生怕自己的孩子人格不独立。做家长的，一定要阅读一下这本书。

法国哲学家让－保罗·萨特说"存在先于本质"，存在主义的核心是自由，即人在选择自己的行动时是绝对自由的。萨特认为，人在事物面前，如果不能按照个人意志做出自由选择，这种人就等于丢掉了个性，失去了自我，不能算是真正的存在。

因此，我对独立人格的定义是：相信自己拥有选择的自由，同时对自己的选择承担责任。

顺理成章，对孩子的培养，分为两个部分：一是培养其选择能力，二是培养其责任意识。孩子在成人前，前者以思维方式的培养为主，即要有逻辑思维和发散思维，意识到自己有选择的自由，也能找到不同的选项；后者以价值观的塑造为主，即要用价值观对各个选项进行取舍，并愿意为此承担选择的后果。

大致思路是，先培养孩子的思维，12 岁以后再塑造孩子的价值观。先培养孩子的发散思维，再培养孩子的批判性思维，最后培养孩子的系统思维。在注重培养演绎思维的同时，培养孩子的归纳思维。

具体做法：以 3 年为期，有所侧重，在日常的沟通交流中影响孩子，用书籍武装孩子。

0 ~ 3 岁：以养为主。

这个阶段，是孩子大脑神经元迅速发展的阶段。家长要做的事情是给予孩子全部的爱，建立孩子的安全感。同时，让孩子处于信息丰富的环境，刺激孩子大脑神经元的发育。

4 ~ 6 岁：保持孩子的发散思维。

人的大脑神经元在 3 岁左右达到最高峰，约有 2000 亿个，然后迅速下降，

到 16 岁稳定在 1000 亿个左右。可以说，3~16 岁是大脑神经元的"修剪期"。常走的路越走越宽，不走的路逐渐荒芜。换句话说，孩子形成了各种习惯，大脑神经元形成了固定的桥联活动路径。特别是孩子上了幼儿园，尤其是上了公立幼儿园，会学习很多知识，需要遵守很多规矩，这就加快了神经元的"修剪"过程。此时，家长要做的是保持孩子的发散思维。

具体做法就是：当孩子想买一个玩具的时候，让他给你三个理由。理由本身无所谓，关键是数量。在没有标准答案的情况下，尽量让孩子展开联想，不求质量，但求数量。

7 ~ 9 岁：鼓励孩子展开联想。

孩子上了小学，要学更多的知识和规矩。所有的理论都是一种限制，所有的规矩也都是一种限制，前者是对思维的限制，后者是对行为的限制，但这是必须学习的。家长要做的，还是继续关注"右脑"，用爱德华·德·博诺的话来说，就是培养孩子的平行思维能力。做法还是一样：激发孩子的想象力，以此来延缓右脑思维的消退速度。

当孩子问你"为什么"的时候，你可以问他："你觉得呢？"当孩子说出他的猜测时，要鼓励他："嗯，不错。还有呢？"鼓励孩子展开联想。还是那句老话：不求质量，但求数量。

比如，你开车带孩子出去，正在过十字路口，遇到电瓶车闯红灯，幸亏你反应迅速，及时刹车，避免了一次车祸。你的孩子在害怕的同时，也很生气。他可能会问你：

"爸爸，那个人为什么闯红灯？"

你可以说："嗯，对呀，他为什么闯红灯呢？儿子，你觉得呢？"

你儿子还在生气："他想找死！"

你不动声色："嗯，也许吧。还有呢，儿子？"

"他要赶时间。"

"这也是一种可能哦。还有呢？"

"他没看到我们，以为路口没车。"

"嗯，这也是哦，我都没有想到！还有呢？"

"爸爸，绿灯了。"

……

如果孩子没有问你，而是在车上抱怨那个闯红灯的人，你可以问他："儿子，你觉得他为什么要闯红灯呢？"主动挑起话题，和孩子进行上面的对话。

又如，孩子跟你说："今天班上小明上课说话，被老师批评了。"

你可以问："小明上课为什么说话呢？"或者问："老师为什么不让上课说话呢？"

当然，不能过分。不能孩子每跟你说一件事，你就来一遍这套做法。孩子会主动申请"断绝"父子关系的。

10～12岁：与孩子共同讨论3种以上的应对方式。

孩子大了，开始面对江湖；掌握的东西多了，也有能力应对社会了；并且，他们也开始有自己的想法了。他们不再是儿童了！

面对外部刺激，我们的本能会做出反应。但这种反应未必是最合适的反应。美国潜能激发大师史蒂芬·柯维在《高效能人士的七个习惯》一书中提出：面对刺激，我们要相信自己有选择的自由（运用四种天赋），从而做出主动积极的回应。

心理学家维克多·E.弗兰克尔在《追寻生命的意义》一书中描述了他作为犹太人被纳粹关在集中营时的心理活动："我们这些生活在集中营的人，总记得那经常走动于茅屋中安慰别人的人。他们也许只是少数，但是他们提供了足够的证明：你可以取走一个人的所有，但你无法取走'人类最终的自由'，即在任何环

境中，人有能力自由选择自己的态度及回应方式。"

当孩子向你描述他遇到的"不公平"对待时，你要做的不是教他如何应对，而是要和他探讨可能的应对方式。

我的儿子是班干部。有一次在处理班级矛盾时，被同学猛地推了一把，差点把他推倒在地。儿子回家后和我聊起这事，我看他情绪比较稳定，就问他："你除了刚才的处理方式外，还有哪些应对方式？"于是，我们讨论出了4种应对方式。儿子最后发现，他当时的处理方式与这几种应对方式相比，不是最差的，但也不是最好的。

在此阶段，家长要做的是建立信任（否则，孩子不会和你聊这类事情）、克制评价（指责孩子的应对不当、批评"欺负"自家孩子的孩子）、积极引导（探讨还有哪些应对方式）、树立信心（下次再面对，你会做得更好）。

13 ~ 15岁：做出选择。

在前面阶段，我们找到了3种以上的应对方式，孩子可能会问，那我到底该采取哪种方式呢？正确答案是一句正确的废话——看情况！

其实，看情况远远不够，究竟选取哪种方式，要根据自己的价值观来做出决定。个人的价值观，要符合社会的期望，即要符合道德。

瑞士儿童心理学家皮亚杰认为，10岁是儿童从他律道德向自律道德转化的分水岭。也就是说，10岁前儿童对道德行为的思维判断主要依据他人设定的外在标准，也就是他律道德；10岁以后儿童对道德行为的思维判断大多依据自己的内在标准，也就是自律道德。

根据认知发展阶段理论，皮亚杰把儿童道德认知发展分为4个阶段：第一阶段为自我中心阶段或前道德阶段（2 ~ 5岁），该阶段儿童缺乏按规则、规范行为的自觉性，在亲子关系、同伴关系、价值判断等方面均表现出自我中心倾向；第二阶段为权威阶段或他律道德阶段（6 ~ 8岁），该阶段儿童表现出对外在权

威绝对尊重和顺从，把权威确定的规则看作是绝对的、不可更改的，在评价自己和他人的行为时完全以权威的态度为依据；第三阶段为可逆性阶段或初步自律道德阶段（8～10岁），该阶段儿童的思维具有了守恒性和可逆性，他们已经不把规则看成是一成不变的东西，逐渐从他律转入自律；第四阶段为公正阶段或自律道德阶段（10～12岁），该阶段的儿童继可逆性之后，公正观念或正义感得到发展，儿童的道德观念倾向于主持公正、维护公平等。

根据皮亚杰的理论，我们要在孩子3年级时开始进行道德方面的引导，主要做法是家长要以身作则，既要维护权威，更要维护公正。比如，在价值观塑造方面，我以先秦儒家思想为主，带孩子阅读《论语》，学习《孟子》。从12岁开始，儿子写了100多篇学习心得（后面章节有谈具体的做法），向《论语》学习"仁"，向《孟子》学习"义"。

在这个阶段，我们要在孩子列举了3种可能的应对方式后，和孩子一起分析每一种应对方式的可能后果，然后再来看看这个后果是不是自己想要的，是不是符合自己的价值观。最后，再来讨论应该采取哪种应对方式。

这样做的好处是，即使最终的结果不是很好，但不会抱怨，也不会后悔。因为这是孩子自己的理性选择，且符合他自己的价值观。

最后总结一下，把前面的联系起来：一件不好的事情发生在自己身上（比如受到了老师的不公平对待），首先分析可能的原因（"三种可能"），其次找到自己可能的应对方式（"三种应对"），设想每一种应对方式可能产生的结果，用价值观选择一种回应方式（"做出选择"），最后坦然接受应对的后果。理性分析，感性决策，无怨无悔。

作为园丁，要培养孩子的独立人格。即相信自己有选择的自由，同时为自己的选择承担责任。

目录

第一部分　方法篇

第01章　ORID 阅读引导法

【ORID 简介】

ORID 是一种运用范围很广的教练技术，它通过引导者在 4 个方面的提问，引发被引导者的思考，从而带来被引导者的成长。用在亲子阅读中，就是在阅读过程中，家长通过提出结构化提问，引发孩子的思考，引领孩子的成长。

ORID 是四个英文单词的缩写，其中，O 是 Objective（客观），是指客观的事实、数据；R 是 Reflective（反映），是指感受、体验；I 是 Interpretive（诠释），是指理解、意义；D 是 Decisional（决定），是指行动。ORID 的流程实际上完全是根据我们人类正常的思维模式来进行的。

O：对客观事物的感受。通过用我们的五官来感受到客观事物的视觉感受、味觉感受、触觉感受、听觉感受、嗅觉感受。实际上就是感受我们平时自以为的客观世界的样子。比如你看到的大海、听到的音乐、读过的书的章节、你的手机，等等。

R：就是我们对客观事物的直接感受。这个感受，其实上升到了大脑层面，而不是感官层面。大脑层面就包括了我们的心理感受、我们的印象、我们的情感反应等等这些大脑的初级印象。比如我们看到一头大象，我们的感受是体积很大、鼻子很长，等等。

I：通过我们的感受，再经过大脑的思考，对客观事物进行自己的分析、解释、阐述，最终形成我们自己的观念。

D：通过我们的分析、诠释、阐述得出的观点或结论，来指导我们的行动。

布莱恩·斯坦菲尔德在《聚焦式会话艺术——在工作中获得集体智慧的100种方法》（*The Art of Focused：Conversation 100 Ways to Access Group Wisdom in the Workplace*）一书中详细介绍了这个方法，该书由杜文君翻译，2005年8月由复旦大学出版社出版。

先看某位妈妈写的一段对话，这段对话就运用了ORID技巧。

妈妈："宝贝儿，今天去消防队都看到了什么呀？"

女儿："嗯，有红色的房子、大卡车，解放军叔叔还拿着枪（注：因为消防队是武警，小孩子分不清，所以说是解放军），还去看了解放军叔叔的宿舍。"

妈妈："今天看了这么多东西啊，有没有你觉得特别有意思的？"

女儿："有啊，那些解放军叔叔叠的被子好整齐，像豆腐块儿一样，鞋子也放得好整齐。"

妈妈："你觉得为什么今天幼儿园阿姨会带你们去消防队呢？"

女儿："因为幼儿园阿姨想让我们小朋友回家自己做家务，所以才带我们去消防队的。"

妈妈忍不住笑了，问了最后一个问题："那你以后准备怎么做呢？"

女儿："我今天上床睡觉前要把鞋子放好，明天我自己穿衣服、叠被子、系鞋带……"

【ORID 式阅读引导】

据我的观察，有的孩子喜欢看书，特别是漫画、连环画，爱不释手。初中生则喜欢看小说，特别是玄幻小说。所以，要想让孩子更快地成长，在孩子看完一本书后，必须让孩子对这本书进行总结与思考。

当孩子看完一本书后，家长可以问孩子4个方面的问题：

O——事实：这本书讲了什么？能否用一两句话总结一下？如果是一年级的

孩子，第一次做这样的解答，对他们来说非常难。孩子一开始可能会从头到尾讲这本书，这时你可以要求他简洁一些，多些耐心。你也可以试着把问题细化，比如主角是谁啊？主角做的最重要的事情是什么？——回忆小时候写作文的要素，诸如时间、地点、人物、事件、经过，等等。当然，如果这个环节实在进行不下去，可以直接到下一步 R。

这一步非常重要，要持之以恒，因为锻炼的是孩子的总结归纳能力。现代社会信息"爆炸"，快速提炼，相当关键。

R——感受：看完这本书，你的感受是什么？你感受最深的情节是什么？或者，让孩子用几个词形容自己的感受。一开始的时候，可能是很平泛的感受词，比如"很好看""喜欢"等词语。这时父母可以进一步询问孩子的阅读感受，能加强孩子对这本书的印象，培养孩子的情商，也方便父母了解孩子的内心世界。

有一次，我 8 岁的侄女在看阿凡提的书。我问她，你喜欢阿凡提吗？为什么喜欢他？他有什么特点？侄女对"特点"的意思可能不是很明白。于是，我继续引导：

"阿凡提聪明吗？"

她说："聪明。"

我问："他除了聪明，还有什么啊？"

侄女说："他很善良。"

我引导："嗯，不错，还有呢？"

……于是，她总结了阿凡提的 5 个特点。

I——意义：这本书中有哪些有意义的观点？你从这本书中学到了什么？你比较欣赏这本书中的哪些东西？意义比感受更深一层，需要将书中的故事和自己进行关联，孩子需要进行深入思考才能回答这个问题。

对三年级以上的孩子，就需要引导他们思考"意义"。

D——行动：看完这本书，你现在可以做哪些事情？一周内可以做什么事情？做这些事情对你可能的改变是什么？当然，不是所有的书都可以问这个问题，有的书看完后确实无法行动，因此我们不能机械地套用这个方法。

【为什么要引导】

记得儿子六年级升初一的那个暑假，没有暑假作业，也没有学习压力。上午看书，下午玩乐、运动、游戏……当然，下午玩游戏或看电视的时间，是不能超过上午读书的时间的。但他喜欢上了《爱情公寓》，想超额追剧。后来我们约定，每看一集，他就写一篇读后感，具体要求有三点：第一，用不超过 3 句话描述这一集讲了什么；第二，用两个词形容看这一集时的感受；第三，从这一集中学到了什么。儿子写了两篇后，放弃了追剧。他告诉我，一想到看完后要写观后感，50% 的兴趣就没了。

不仅仅是孩子，包括父母，都是愿意享受看书的乐趣，不愿接受总结的痛苦。但不总结，书就不是自己的。有些孩子、父母看书不少，但也仅仅是"看了"而已。

德国著名哲学家亚瑟·叔本华在《论思考》一书中说："大量的知识如果未经自己思想的细心加工处理，其价值也远远逊色于数量更少、但却经过头脑多次反复斟酌的知识。这是因为只有通过把每一真实的知识相互比较，把我们的所知从各个方面和角度融会贯通以后，我们才算是完全掌握这些知识，它们也才真正地为自己所用。我们只能深思自己所知的东西——这样我们就真正学到了一些道理。但反过来说，也只有经过深思的东西才能成为我们的真知。"

叔本华认为："太多的阅读会使我们的精神失去弹性，就像把一重物持续压在一条弹簧上面就会使弹簧失去弹性一样。而让自己没有自己思想的最稳妥的办法就是在空闲的每一分钟马上随手拿起一本书。这种习惯解释了为何死记硬背的书呆子变得比原来更加头脑简单和更加愚蠢。"

"归根到底，只有自己的根本思想才会有真理和生命力：因为只有自己的思想才是我们真正完全了解的。我们所读过的别人的思想只是别人留下的残羹冷炙，是陌生人穿用过的衣服。"

要完成一个 ORID 的循环，是非常不容易的。叔本华说："我们可以随时坐下来阅读，但不可以随时坐下来思考。""如果一个人几乎整天大量阅读，空闲的时候则只稍作不动脑筋的消遣，长此以往就会逐渐失去自己独立思考的能力。"（叔本华《论阅读和书籍》）

【ORID 脑科学原理】

人们通常做出决策都经历了一个"接收外部刺激→内在反应→思考判断→决策应对"的过程。

人们首先是通过眼、耳、鼻、舌、身，去看、听、闻、尝、接触外部的世界，由此将相关信息传递给大脑。大脑在每时每刻都会有大量的数据信息通过以上的途径进行输入，而要将这些信息完全进行处理根本就处理不过来，也没有这个必要。于是，大脑的天然机理首先就进行了第一轮的筛选，类似今天早上穿衣服的感觉是怎样的等这些显而易见对自己无用的信息会被自动过滤掉。

筛选的主要依据是自身原有的记忆内容，如果保存的记忆内容有与之相关的或相类似的，大脑就会初步判断可能会是有用的信息从而将其保留。而人的记忆通常也是伴随着情感同时存储的。比如，你现在马上回忆一件发生在 5 年前的事情，不管你回忆起来的事情是什么，你在当时的情形下通常是大喜或者大悲的情绪状态，很少会有人对平平淡淡的事情进行记忆尤其是深刻的记忆。所以，对于这部分内容，其实是会随着时间的变化而变化的。例如，如果你（或你的太太）怀了宝宝，你是否发现周围会经常出现孕妇，而之前感觉却没有那么多。这就是心理学中的"孕妇效应"，孕妇的数量从大范围的概率统计看，是没有变化的，变化的是你自身的记忆存储内容，它改变了大脑第一轮的信息筛选。过去，孕妇对你来说是无用的信息，所以即使看到，也会直接筛掉；而现在，即将为人父母的喜悦，让大脑判断孕妇是对你有用的信息，所以进行了保留。

信息经过筛选之后，人们会对保留的信息进行深入加工处理，也就是深度思考的过程，最终得出需要如何去对应的决策，并指挥身体的相应部分去执行决策。这就是大脑从外部感知到最终决策制定的过程。

举个例子。你想象一下，在一个漆黑的夜晚，你加班到很晚步行回家，经过一段小路，碰巧这几天路灯坏了，此时，你隐约感觉到后面有个黑影在跟着你。你不自觉地加快了行走的脚步，希望甩掉他，可是黑影似乎也加快了步伐，反而离你越来越近……此时的你会怎样做？

或许有人会使劲奔跑，边跑边大呼救命；有人会拿出手机大声说话假装家里有人出来接你了；有人会转身直面黑影，运用练习过的跆拳道招式与他一决高下……不管你是采用什么方式，其实都是经历了同样的过程——

首先，我们都通过外部接收到一定的信息，如没有路灯的小路、跟在身后的黑影，甚至是习习的凉风。（事实层面）

接着，我们心里会产生本能的内在反应，如惊慌、恐惧、害怕、无措等。（体验层面）

然后，我们会在心里进行仔细的盘算，如怎样才能甩掉黑影？怎样才能安全脱离？他到底想做什么？（理解层面）

最终，我们会在综合判断后做出决策，如边跑边喊救命，假装打电话或报警等。（决定层面）

所以，基于这个原理，聚焦式会话法的提问方式完全符合人脑的思维逻辑顺序。在回答问题的过程中，回答者就会感觉思路顺畅，十分舒服，也容易进行深度的思考。

同时，人与人之间的差异性也普遍存在。这就造成了虽然每个人在做决策时，

大都是经历了这样的过程，但是不同的人在不同的层面上的关注度和停留的时间存在很大的差异，比如男性通常对体验层面关注度较女性小很多。所以，日常生活中我们经常会发现家庭中男女在吵架的时候，女方抱怨一件事情时，其实她只是在情感方面进行释放和宣泄，而并不是真的希望得到理性的分析和解决。但是，此时的男性同胞如果没有关注到这一点，就给她分析事情，提出建议，通常不会得到满意的结果。这就是典型的两个人不在一个层面上谈论问题。我们在日常工作、会议研讨中也经常会遇到这样的事情，有人在陈述事实，而有人在释放情感，有的却在分析事情，还有的已经在给出建议了。最终，大家都不满意，事情无法得到圆满解决。

所以，我们用聚焦式会话法一方面是带着大家按照大脑的思考顺序去思考，另一方面是让团队的所有成员都可以在同一个层面上思考和探讨，做到同频共振，最终达成共识。这就是聚焦式会话法可以起到神奇效果的原因所在。

第02章 九段阅读笔记法

在阅读意识较高的国家，孩子读完书后，引导孩子完成读书笔记是父母和老师必做的功课。所谓阅读笔记（Reading Response），其实就是一些格式化的打印纸，帮助孩子根据一定的结构整理自己的思绪，提炼自己对书的理解，根据纸上的框架用文字写下自己的阅读心得。这个框架，比 ORID 更加复杂，需要更多的时间。具体包括以下 9 段 16 个环节及若干个细节。

第一段：

1.写出四个最有趣的情节（如表 1 所示）。在低龄阶段，没必要面面俱到，主要侧重于对故事内容和主角的了解，对主要事实的描述，对日常词汇的感受和积累即可。通过记录最有趣的情节，孩子一面积累语言表达的方式，一面梳理自己在阅读中的感受和收获。有时孩子们还会配备一些插图来表达自己的想法。家长们可以和孩子一起做笔记，孩子口头说，爸爸妈妈帮着记，做些必要的提示。

表 1 四个最有趣的情节

1.	2.
3.	4.

2.训练，这也是最初的训练。读完一本书，告诉父母自己最喜欢哪部分？哪个人物？

第二段：

3. 再进一步，说说故事发生的场景，主要人物是谁，可以给人物画个画像，再说说自己最喜欢的部分。

4. 读完后，告诉父母至少 3 条你新学到的知识，把你最喜欢的那部分用一幅图表示一下。

针对高年级的孩子，可以做一个表 2 这样的表格。让孩子寻找故事的 5 个要素、3 个关键词和 1 个知识点，帮助孩子梳理故事整体的框架、脉络，并引导孩子思考故事背后的含义。

表 2 故事要素、关键词和知识点

5 个要素 （5W）	1.Who，即主人公是谁？（人物）
	2.What，即发生了什么？（事件）
	3.When，即何时发生的？（时间）
	4.Where，即在哪里发生？（地点）
	5.Why，即为什么会发生？（原因）
3 个关键词	1.
	2.
	3.
1 个知识点	

第三段：

5. 对故事主角的性格、品格进行分析，用 6 个词去形容这个人物，说说你为什么喜欢或不喜欢他。

6. 开始学会总结故事的主要脉络。读完后，把故事的起始、发展和结果提炼一下，具体包括：开始是怎样的？中间发生了什么？结尾如何？

第四段：

7. 进一步训练总结能力，这本书主要表达了哪些意思？并举例说明。

8. 开始训练批判性思考能力，每读完一个故事，至少能问出 3 个问题。

第五段：

9. 一边读，一边做笔记，并记下过程中产生的问题，一般将表格设置成左栏是笔记，右栏是问题。

10. 右栏还能表达自己的意见，比如你对这本书有什么看法，要列出至少 3 个原因。

第六段：

11. 画一个故事图，能把这个故事从以下 4 个方面讲给朋友听：①故事发生的环境；②主要人物；③出现的问题；④问题是怎样解决的。

12. 以主要人物为脉络，说说问题是什么？怎样解决的？

13. 在读非虚构书，或新闻报道时，还要问 5 个"W"：Who，即关于谁？（人物）What，即发生什么事？（事件）When，即什么时候发生的？（时间）Where，即在哪里发生的？（地点）Why，即为什么会发生？（原因）

第七段：

14. 对阅读要求比较严格的家庭，还会让孩子做当天的阅读笔记。笔记一般包括如下几方面的内容：①你今天读了什么？②有什么感受？是什么？③你最喜欢的人物，在他们身上发生了什么事情？④如果这些事情发生在你的身上，你会有什么感觉？⑤关于今天所读的，有什么问题吗？⑥你估计这个故事后面会怎么发展？（如果没读完的话）

第八段：

15. 进一步训练思辨水平。比如，孩子从书中得到一个观点，然后爸爸妈妈可以这样问："你为什么这样认为？"然后，让孩子用以下的结构回答——因

为……比如……作者说……根据书中文字……在第几页说过……根据文字，我知道……

第九段：

16.最后，强烈建议爸爸妈妈在孩子读完一本书后，和他进行9个方面的讨论，这9个方面包含了比较全面的阅读小结的要素；①为什么选这本书去读？②用三句话总结本书的主要内容和观点。③如果你能问故事主角一个问题，这个问题是什么？④你想和书中的哪个故事人物做朋友，为什么？⑤如果你是作者，你会对这本书的某个情节或人物做改动吗？为什么？⑥如果你要为这本书写一个续集，书名是什么？⑦描述故事发生的环境和时代背景。⑧你要为书中的一个人物颁发奖章，因为他有一个你认为非常不错的品质，你觉得这个奖是什么？为什么？⑨你觉得作者通过这本书希望你学到些什么？

第二部分 实践篇

第03章　昌国私塾课程体系简介

网络时代是最好的时代，因为我们更容易获取知识；网络时代也是最坏的时代，因为我们更容易被海量信息淹没。这意味着，如果你有强烈的意愿和合适的方法，你将会加速成长，反之将停滞不前甚至倒退。所以，现代社会个体间的差异会越来越大。

时间的本质是可能性，所以作为家长，你不知道孩子将来会从事什么行业，喜欢什么样的生活方式。所谓的兴趣班，到了初中阶段，往往让位于补习班。如果说中小学阶段孩子们的差距是成绩的话，那么到了大学阶段，他们的差距将是心智模式。

如果把养育孩子比作组装电脑的话，那么，心智模式则是底层代码，是操作系统（Windows、iOS）；各种兴趣班类似于操作软件（Word、Excel、Pages、Keynote）；各种能力则是应用软件（各种 APP）。

所以，昌国私塾的目标是：引导孩子形成独立人格，让孩子拥有选择的自由且对自己的选择承担责任。

与传统学校里的"以教为主"的灌输方式不同，昌国私塾采取"以问为主"的引导方式，让孩子学会思考、爱上阅读。与学校里的大班上课不同，私塾采取的是小班制，主张团队学习。既给孩子营造学习的氛围，又能照顾到每个孩子。

所以，读书会的主要形式是群体学习，其中包括阅读、提问和引导。

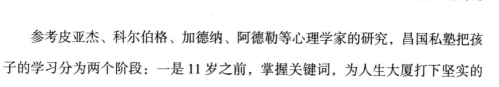

参考皮亚杰、科尔伯格、加德纳、阿德勒等心理学家的研究，昌国私塾把孩子的学习分为两个阶段：一是 11 岁之前，掌握关键词，为人生大厦打下坚实的基础；二是 12~17 岁，训练思维方式、塑造价值观，为人生大厦树立两根立柱。

具体内容包括以下三个部分：

第一部分是关键词。

通过 12 个关键词，思考作为生命，作为人，作为中国人，作为世界人，我们应该了解哪些核心观点。每个关键词为一个学习模块，每个学习模块为 1～2 天的课程。

关键词包括：生命、人、自由、自律、学习、审美、公正、仁爱、友情、规则、沟通、守时。

这部分内容为 1～5 年级的孩子设计。6～12 年级的孩子则以"思维"和"价值观"为主。

第二部分是思维。

现代脑神经科学研究表明，3 岁时大脑的神经元数量达到 2000 亿个的顶峰，之后迅速减少，到 16 岁时降到一半，然后基本维持在 1000 亿个的规模。思维方式的培养，意味着训练孩子的神经元的桥联活动。

这部分内容包括上至苏格拉底（古希腊著名的思想家、哲学家）的逻辑思维，下至黑格尔（19 世纪德国哲学家）的辩证思维，还包括平行思维和创新思维，全面开发人的大脑。相对于西方人，中国人较缺乏的就是这种科学思维。这部分是私塾的课程教授重点。

互联网时代，视野越来越关键，故还需培养孩子的经济学思维，包括成本与收益、供给与需求、财政与货币等。作为社会人，接受一些心理学的知识，将帮助孩子更好地认识自己和社会。

这部分已经设计了 14 个模块，每个模块是 3～6 天的课程。

第三部分是价值观。

价值观是关于何为"价值"的观念，是我们做出选择的依据。如果说思维部分涉及我们如何获取信息、如何加工信息，那么价值观部分则涉及我们输出什么信息。

作为中国人，需要了解中国的传统文化；作为世界人，还需要了解西方的传统文化。我们既要具有民族性格，又要有普世情怀。为此，我们要了解中西方哲学、文学、历史。

在这部分，孩子将了解西方精神的三根支柱和中国精神的一根支柱，重点了解中国文化的"家天下"体系和超稳定结构，了解国民性的演变历程，了解社会中的人情与面子，等等。

这部分已经设计了 10 个模块，每个模块是 3 ~ 6 天的课程。

小结一下：私塾课程有 12 个关键词，14 个思维类课程，10 个价值观类课程。

每个主题词、每个模块，都有推荐阅读的书籍，方便孩子继续学习。"主题词"部分的学习，以线下为主，偶尔也有网络读书会供家长选择。思维和价值观的内容，采取线下读书会的形式。一般是利用寒暑假，每次集中 3 天，以完成一个模块的学习。所以，家长可以让孩子参加全部模块的学习，也可以选择其中的某些模块。

第 04 章 如何教孩子学国学

【出发点】

我相信，国内中小学生报补习班学英语的，一定比学国学的人数多。究其原因，是因为学英语更实用，其短期利益是考试成绩，长期利益是掌握一门语言。

我让我的孩子学古文的出发点很简单，就是为了提升语文成绩。小学阶段，一直是数学成绩比较好，语文成绩一般般。初一时，不仅语文成绩没有提高，数学成绩也不稳定了，英语也不能考满分。分析试卷时，我们对错题进行了分析，试图寻找它们之间的共同点。我们发现，语文扣分是在文言文部分，数学扣分主要是因为对题目理解不透彻，英语是阅读理解部分丢分。找到核心原因了，是语文不行！准确地说，是对文字的理解不透彻。

找到这个原因后，我有些纳闷，平时孩子看书比较多，为什么反而是理解能力不够呢？

【句读《颜氏家训》】

我一直认为，当你在面对一个难题的时候，你要相信，你很可能不是第一个遇到这个问题的人，别人很可能已经解决了这个问题，而且很可能他们的解决方法已经写成了文章或写成了书籍。所以，你需要做的是上网查资料，上书城去买书。

在面对阅读难题时，我幸运地找到了《阅读整理学》。作者是日本著名的语

言学家外山滋比古，他认为阅读应该分为两种类型，一种类型是阅读已知信息的 α 型阅读，另一种类型是阅读未知信息的 β 型阅读。他指出，虽然大部分的人们更偏爱轻松愉快的 α 型阅读，但具有挑战性的 β 型阅读才是让人打开大脑、收获新知的最佳途径。作者认为"音读""素读""读古典"等已经被人遗忘的传统阅读方式，恰恰是帮你开启 β 型阅读大门的金钥匙。

提升理解能力的训练（即 β 型阅读），莫过于学习文言文。选哪个内容呢？在我看来，《曾国藩家书》的遣词造句不够精练，难度不高；《朱子家训》也似乎太简单；《了凡四训》格言味太重，孩子未必能有深刻体会；《弟子规》和《孝经》"洗脑"的目的性太明显，不符合我的价值观。最后，我决定带孩子阅读南北朝时期著名的文学家、教育家颜之推的《颜氏家训》。

读《颜氏家训》的第一步是读"字"。先不要求理解整句话，只求理解每个字的意思。其中有两个难点：第一个难点是常见的字，古、今含义不同。我让孩子进行总结，最后发现这样的字有 50 个左右。理解了这 50 个字，就打下了学习文言文的坚实基础。后来孩子学习"四书"（《大学》《中庸》《论语》《孟子》），基本上没有遇到障碍，皆缘于此。第二个难点是一字多义。这其实是个排列组合问题，即把每个字的每个意思都列出来，看看哪种解释说得通。这是个痛苦的过程，需要家长耐心引导。刚开始的时候，我们一个小时只能阅读一小段，不到100 个字。其实是有捷径的，即根据这一章的主旨和上下文，就很容易排除一些不靠谱的解读。但我并没有这样做，而是采用了最笨的方法，这样既避免了囫囵吞枣，又为以后的学习打下了基础。

这个漫长而痛苦的读"字"阶段，持续了一个星期。在这个阶段，我的目标是让孩子认识文言文，能把一段文字看完，哪怕磕磕巴巴。不强求孩子准确而全面理解作者的意思。基本的步骤是：第一步，孩子阅读，一个字一个字地看，遇到不懂的地方问我。第二步，读完一句，孩子尝试理解，然后说给我听。如果有好几种理解，要告诉我哪种理解最有可能，我基本上不做点评。第三步，读完一段，孩子尝试翻译成白话文，基本通畅后，我让他看书中配备的翻译。对比阅读后，寻找差距，总结规律。

通过对比分析，我们发现学习文言文一般有两个难点：一是某些字有特殊意义；二是古文有几种特殊的语法。幸运的是，它们会重复出现，只要掌握了《颜氏家训》中的这些字词，其他的文言文书籍就比较容易阅读了。

这让我想起了我当初学习英语的方法——掌握常用短语和基本语法。剩下的，就是词汇量了。这一点可以说中外相通。

有了《颜氏家训》的突击训练，孩子似乎开窍了。在学校的一次语文课上，他引用了这本书中的几句话，得到了语文老师的高度表扬。于是，他学习语文的热情急剧高涨，《颜氏家训》后面的学习，基本上我不用管了。在初一期末考试中，他的语文成绩提高了十几分，总成绩排名在年级 30 名之内。

【共读《论语》】

2016 年暑假期间（孩子下半年上初一），我决定趁热打铁，带领孩子继续学习文言文，提升他的国学素养。看哪些书呢？毋庸置疑，国学的基石是儒学。随着秦始皇统一六国，中国自封建时代进入中央集权的帝国时代，所有的理论都要为帝制服务，儒学也不例外。于是，《论语》自然而然就成了首选。

《论语》学习的方法，与句读《颜氏家训》不同，此时孩子已有古文阅读功底，他可以自行阅读。为了方便他的理解，我买了 4 本相关的书籍，也就是说，相当于请了 4 位"老师"给孩子讲《论语》，有大陆的、有港台的、有正解、有异解，有前人、有今人。

为方便掌握阅读进度，我在网上查了一下《论语》的字数，有的说是 11705 个字，有的给出了详细的统计，《学而》493 字、《为政》579 字、《八佾》689 字、《里仁》501 字、《公冶长》869 字、《雍也》816 字、《述而》873 字、《泰伯》613 字、《子

罕》806 字、《乡党》642 字、《先进》1054 字、《颜渊》992 字、《子路》1035 字、《宪问》1340 字、《卫灵公》904 字、《季氏》863 字、《阳货》1019 字、《微子》618 字、《子张》824 字、《尧曰》370 字，合计 15900 个字。

1 万多字不算多，相当于一份小报的字数。每天读 50 个字，一年能读完。可以早上起床的时候看一遍，晚上上床睡觉前看一遍。出乎我意料的是，孩子 3 个月就读完了：从 2016 年 8 月至 11 月。其实，阅读有一个"加速度效应"，即读得越多，读得越快。

一开始的时候，每读完一篇，我都要和孩子交流一下。一是确保他真正理解，二是加深他的印象，三是加强父子沟通。对于有些章节，我会问这句话可能在哪种情况下失效？孔子的这个观点适应当今社会吗？以锻炼他的批判性思维能力。

交流几次以后，我鼓励孩子写下来：一是留个纪念，二是方便看到自己的进步。孩子写完后，我再在后面点评。我的点评写完后，再让孩子看一下，和我谈谈他的想法。这样，经过"阅读—写心得—写点评—交流点评"，孩子对《论语》有了更深的理解。

到 2016 年 11 月，孩子看完了《论语》，写了 92 篇心得。这期间，我还找了我的朋友来点评他的《论语》心得，包括金树松、郭成（琢磨先生）、刘涛海。

我发现，他的阅读心得越写越长。嗯，找到感觉了。到最后，我都不知道怎么来做点评了，老爸不容易啊。2017 年 3 月份，孩子决定重写《论语》心得。为此，我专门替他开了一个公众号"天一的思考"，请大家多多捧场、多多指导、多多支持。少年的成长，离不开大人们的关心！

【研讨《孟子》】

人格的重要组成部分有三个：性格、思维方式和价值观。性格的形成，先天居多，正所谓"三岁看大，七岁看老"。

前文说过，思维方式的形成过程，0～3 岁是大脑神经元增长期，从 0 到

2000亿个；4～16岁是修剪期，从2000亿个到1000亿个，原因就在于常走的路越走越宽，不走的路逐渐荒芜，习惯一旦形成，神经元就停止探索；16岁之后是稳定期，维持在1000亿个。当然，随着脑科学的发展，这些科学的观点有可能被更新。

不过，习惯不是不可以改。比如可以从右手握笔改成左手握笔，只不过是改起来比较困难，需要付出额外的努力。这告诉我们，养成一个好习惯，关键是前期的坚持。

价值观是可以改变的。孔子说自己"朝闻道，夕死可矣"。其实这种观念的形成，受社会和家庭的影响较大，比如学生住校后受同伴，特别是舍友的影响比较大。所以，我们要在高中前确立孩子的价值观，这样就不容易受到别人的影响，反而可以去影响别人。

关于孩子的价值观，美国儿童发展心理学家劳伦斯·科尔伯格的理论值得关注。他继承并发展了皮亚杰的道德发展理论，着重研究儿童道德认知的发展，并根据对72名男生的测试，提出了"道德发展阶段"理论（如表3所示）。

对于初中生来说，应处于"道德发展阶段"理论的第四阶段，由家长来引导孩子树立正确的价值观，还是可能的。

儒家讲"出世"，这是积极的价值观，正所谓"穷则独善其身，达则兼济天下"。《论语·微子篇》中说"天下有道则现，无道则隐"，但这个"隐"的目的还是为了"现"。也就是说，一有机会，就会出来改变世界。

在"儒家三贤"中，孔子强调"仁"，孟子强调"义"，荀子强调"礼"。我们要学习孟子的浩然正气，用现在的语言来说，就是正能量。

与句读《颜氏家训》、共读《论语》不同，学习《孟子》是以读书会的方式进行的：几个初一学生利用周末时间，在我的带领下研讨《孟子》这本书。

表3 劳伦斯·科尔伯格"道德发展阶段"理论概要

三种水平	六个定向阶段		表现特征
前习俗水平	第一阶段	惩罚和服从取向	对成人或规则采取服从态度,避免受到惩罚
	第二阶段	功利取向	比较行为和个人的关系,认为每个人都有自己的意图和需要
习俗水平	第三阶段	好孩子取向	认识到必须尊重他人的看法和想法
	第四阶段	好公民取向	同情他人的遭遇,但强调对法律和权威的服从
后习俗水平	第五阶段	社会契约阶段	意识到法律不是死板的,可以通过共同协商和民主程序来改变
	第六阶段	普遍道德原则阶段	认为除了法律外,还有诸如生命的价值、全人类的争议、个人的尊严等道德原则

第一期《孟子》读书会,先玩波利亚罐子(一个著名的概率模型)游戏,目的是为了让大家重视对价值观的培养。(关于这个游戏的详细介绍,请参见我公众号"管理者书架"2017年4月22日文章《如何正确理解"别输在起跑线上"》)

当时由于时间关系,只玩了两轮。幸运的是,两轮情况完全相反,刚好可以分析一下。分享的时候,大家的结论有以下4点:第一,一开始的领先,未必能形成绝对优势;一开始的不相上下,未必能持续到最终。也就是说:学前班、幼儿园没有想象中的那么重要。第二,一旦趋势形成,再也没有反转的希望。两轮的趋势出现在第11、12次(总共91次),基本上属于早期。这说明,前期还是比较关键的。对应到学生,是初中或是最晚到高中,就基本上定型了。第三,两轮都出现了反转。这告诉我们:成功不仅需要实力,还需要运气。所以,有时候是"尽人事听天命",把自己该做的做到位,然后静待结果。第四,对于没有接触过的东西，不要过早下结论。在游戏开始前，大家都有预测；在游戏进行中，也有预测。但前期的预测都错了。一是没有经验，二是时间不够长。

学习中国文化、了解前人思想，要放到大环境中，要了解相关的历史和地理知识。

其时正当战国，张仪连横，苏秦合纵。张仪与苏秦游说当时比较强盛的西秦、东齐和南楚。张仪连横是指秦齐强强联手消灭其他国家，然后平分天下。苏秦合纵的燕、赵、魏、韩、楚等国抱团取暖，抵抗秦齐。相比较而言，连横主攻，欲灭他国；合纵主守，结团自保。

所以，当时的国君有两个选择：或攻（连横）或守（合纵）。孟子的思想偏向于什么呢？不言而喻。这有助于理解孟子游说是否能取得成效。

孟子的老师是子思的门人，子思是孔子的嫡孙，孟子可谓根正苗红。孟子先是学习，40多岁的时候开始游说各国，60多岁时静下心来写书。孔子先是周游列国，后来静下心来编书。荀子先在"稷下学宫"，后在兰陵教学。这是儒家风格，即先努力学习，然后出来施展自己的抱负，百折不挠。到年老了，要么写书、要么育人，好让自己的思想留存下来，继续发挥影响力。这是非常积极的"入世"态度。

我们要向孟子学习两点：首先，学习他的"浩然正气"。其次，学习他的说服技巧。他要影响的对象是国君，是当时社会权力最大的人。那么孟子是如何做到的呢？

在第一次读书会上，我让孩子们先阅读内容《梁惠王章句（上）之"一"》并总结出核心思想（"上下交征利而国危矣"）。

就这段内容，我提了几个问题让孩子们思考，而后大家说出自己的结论，并进行了讨论。我做最后引导、总结，具体如下：

首先，孟子为什么讲"仁"不讲"利"？我行仁，并不减少我的仁；我施利，

就减少了我的利益。在给定范围内，你的所得就是我的所失。所以，讲利会导致纷争，行仁则带来和谐。

其次，讲利一定会带来纷争么？理论上，存在双方合作以创造更多利益的可能。但在农耕社会，土地的产出是有限的，所以即使合作，也不能增加土地的产出。这会导致大家合作失败。

最后，孟子的说服方法是什么？重新定义！或者说，偷换概念。梁惠王问"亦将有以利吾国乎？"他的"利"是指好处：对实现我（争霸）目标有什么帮助？但孟子将"利"定位为"利益"，偷换概念，然后按自己的定义走下去。

我在引导、总结之后，留下了几道课后思考题，准备在下次读书会的时候问大家：一是"上下交征利"必然会带来"国危"吗？当今美国是不是"上下交征利"？如果是，为什么没有"国危"呢？中国改革开放以来一直在谈"利益"，为什么社会反而发展得这么快呢？二是孟子用来论证"上下交征利而国危"的逻辑是什么？你认同吗？为什么？

之后的《孟子》读书会，基本上都是采取这种形式。

第05章　如何教孩子学《论语》

【基本步骤】

孔曰成仁，孟曰取义，荀曰守礼，"儒家三贤"各有侧重。私塾时代，孩子很早就有机会接触《论语》，背诵是基本功，倒背如流者确有其人。国内有"国学幼儿园"，要求孩子背诵一些国文。所以，学习国学的时间可以更早些。

上文在《如何教孩子学国学》中谈到初中生如何学习国学，这篇文章谈小学生（准确来说，是一年级学生）如何学《论语》。以下内容，来自于一位一年级学生的家长刘彦君的公众号"君子之德"（注：刘彦君一直在实践"让孩子爱上阅读"，并且看了很多这方面的书籍，写了很多学习心得，更多内容请关注她的公众号"君子之德"）。

我孩子背诵《论语》的具体时间安排为每天晚上临睡前背诵一节。基本方法则是：其一，家长领读。在读的过程中把古文中的感叹词、人称代词、介词等进行讲解。其二，孩子通过理解记忆的方式进行背诵。一般来说，一段话读两次就能背诵了，稍长一点的就多读几次。其三，第二天早上起床时孩子一边穿衣服，家长一边带领着他回顾昨天晚上背诵的内容。

背诵的过程是有技巧的，大致可以分为3个阶段，即初始阶段、抵触阶段和保持阶段，每个阶段的方法各有不同。

首先来看初始阶段。这个阶段孩子刚接触《论语》，关键任务是激发他的学

习兴趣。

我孩子对《论语》的兴趣，来自别人家的孩子的做法：我给他讲了朋友孩子学习《论语》的习惯后，儿子特别感兴趣，主动要求我教他。大家可以把"天一的思考"公众号给自己的孩子看，来提升其学习兴趣。

在这个阶段，他的兴趣特别浓厚，好奇心特别强。为了让他保持这份好奇心，我就给他讲述古人读书的故事、讲孔子的故事。这样，孩子持续学习的主动性就会增强。

在这个阶段中，抓住他学习的自觉性，每天坚持背诵，效果非常明显。

其次来看抵触阶段。

当背诵持续一段时间后（大概是 2 个月），孩子的好奇心不再有，背诵转而变成了学习任务，这时就进入抵触阶段。

在这个阶段，家长一定不能急，更不能强迫。那么该怎么办呢？

第一，表扬他。对他过去背诵的成绩加以肯定，让他感受到自己学习的成就感。当然这种肯定不是只有在他背诵的时候才提，而是要在平时的不经意间提起。比如在家庭聚会、在他的朋友圈里，让他感受到学习也能带来快乐。如果此时老师能表扬一下孩子，则效果会更加明显。

第二，找一个他信赖的成年人，给他树立榜样。这点非常重要。因为孩子总是会有叛逆心，来自家长的要求他反而会抵触，但找一个他相信的人，效果则完全不一样。但是，这个榜样必须是他敬仰和佩服的人。因为孩子都有模仿成年人的习惯，在关键时刻，我便会将他敬仰的人的学习故事讲给儿子听；或者告诉他这个"榜样"正在问他背诵的情况。这时他便会主动要求背诵。在基督教文化里，孩子的教父可以起到榜样的作用。对于男孩子，要找一个叔叔做他的"教父"。很多事情，爸爸妈妈不合适说，但"教父"可以说。

第三，让孩子掌握主动权。比如孩子今天晚上不想背诵新的内容，我会说：

"好吧，你说背什么我们就背什么。"这时，孩子就会觉得自己可以掌握背诵的主动权。根据我的观察，儿子会复习前面背诵的内容，或者背诵新的段落，无论背诵什么内容，只要遵循这个流程，习惯便会养成。

第四，让背诵变成游戏。在学习的过程中，一旦加入游戏环节，孩子会特别感兴趣。比如看看谁背得快，通过竞争体现出他的优势，树立他的信心。比如时常是我背得比儿子慢，倒不是故意输给他。毕竟，孩子的记忆力还是比较强大的。就算需要故意输，也不能太明显。每次输的时候，我都会请求他帮助我背诵。一是激发他的成就感，二是看看他是否理解了这句话，三是同时也探寻他的背诵方法是什么。如果以后有需要时便可以讨论寻求新的记忆方法。当然，遇到特别难背诵的篇章（主要是句子特别长）时，我便主动给他讲我的背诵方法是什么，帮助他理解掌握。

还有，游戏内容也可以丰富些。我们有时会打扮成古人的模样，用古人说话、走路的礼仪，来模仿《论语》中的对话场景，这样可以增加儿子学习的兴趣。

最后来看保持阶段。

只要过了抵触阶段，孩子就自然养成了学习、背诵的习惯了。这个阶段他基本上掌握了古文的格式、词的特定意义，背诵也就轻松许多。此时，定时背诵就比较简单了。

有时对于难背诵的篇章，我就对他说，这段太难了，我们就不背了。他便会对我讲："不行，我不能放弃。而且，王昌国老师知道了会瞧不起我的。"

除了定时背诵，他还会在生活中时常运用《论语》中的句子。比如，当家长只说不做时，他会指出"先行其言而后从之"。针对某种现象，他也会用《论语》的思想来与我讨论。特别是在孩子聚会时，他会主动去讲述春秋战国时期的历史故事。

当然，有了学习的兴趣，背诵时间也就变得随意了。比如在逛商城时、散步

时、乘坐汽车时……在背诵的背后，其实是丰富的知识学习和深刻的思考。

　　通过将近一年的《论语》学习，我发现孩子的背诵能力远远超出了家长的预期。只要坚持，就能养成习惯，在寓教于乐中学习，定会有所收获。

第06章 如何开好低年级孩子读书会

针对 1 ～ 3 年级孩子的读书会，特别是刚开始举办读书会，面临的挑战比较大。因为孩子还比较小，容易分心，又没有接触过这种形式，过程就变得不好掌控。不过，事在人为，贵在坚持。为了孩子，一切付出都是值得的。

人以群分。培养孩子的阅读习惯，最好是找到一批"志同道合"的人一起阅读，这样孩子就不会觉得孤单，家长的提问就不会觉得突兀。下面，我从作为组织者和家长的角度，谈如何组织自己孩子的读书会。

读书会的基本步骤是：第一，准备工作；第二，收心活动；第三，阅读与分享；第四，总结与表扬。另外考虑到孩子的年龄，读书会的材料大多是绘本。推荐北京联合出版公司出版的《启发绘本：名人传记系列绘本》。下面具体说一说这四个基本步骤。

【准备工作】

准备工作包括以下几个方面：

一是确定成员。第一期读书会成员，最好是孩子的熟人，比如同班同学，或者是平时一起玩耍的朋友，而且最好都是在同一个年级。家长之间熟悉不熟悉不重要，重要的是孩子间必须熟悉，这样他们才能在读书会上放得开。

参加读书会的孩子要对阅读感兴趣，至少，不能在读书会上捣乱。否则，下次就不要邀请他。

每次读书会，3～5人为佳，最多不要超过7人。人太少，没有氛围；人太多，不好组织，而且每个孩子的发言时间就太少了。

二是确定地点。尽量安排在自己家里，这样有助于养成孩子在家里看书的习惯。没有书房的话，就在餐桌旁。很多家庭餐厅和客厅是连着的，孩子在餐桌旁进行读书会，家长在客厅休息，或者观摩孩子的表现，读书会结束后还可以和孩子交流。

尽量不要在学校举办读书会，因为容易勾起孩子"痛苦的回忆"，而且会形成"有正确答案"的本能反应。

三是确定持续时间。每场读书会，一般是一个小时的时间；如果人多，最多一个半小时，不要高估孩子的耐心。

四是布置场地。一个方桌，孩子们围坐，引导者坐在中间。以长方形餐桌为例，引导者坐在短边，孩子们坐在长边，引导者对面的那条短边，坐不坐人无所谓。如果有白板的话，白板放在引导者身后，方便板书。

关于学习材料，比如绘本，要么提前根据人数复印，要么拍成相片，然后做到PPT中通过投影仪播放。当然，人手一本最佳。

为每个孩子准备一支带橡皮擦的铅笔，以及3张A4纸，方便孩子写写画画。

零食，读书会后孩子们享用。

【收心活动】

小学一年级的孩子，尚不能立即进入阅读状态，故需要设计收心环节。

第一次举办读书会，可以设计书籍交换环节。首先，每位小朋友准备一本自己已经阅读过、可以送给小朋友的书，带到读书会现场。其次，小朋友向大家介绍自己带来的书，两三句话即可。最后，在读书会后交换书籍。

我有一次是这样设计的：第一，小朋友每人一张纸一支笔，在纸的右下角写上自己的名字和日期。第二，你最好的朋友是谁？每位小朋友轮流介绍。第三，你准备送给他一个礼物，你会送什么？请在纸上画下来（此环节估计 10 分钟）。第四，每位小朋友分享一下自己画的礼物。第五，收起自己的画作，找机会送给你的朋友（很可能他的好朋友就在读书会现场）。

收心活动最好是能与当天阅读主题相关。

【阅读与分享】

这个步骤可以详见下一章的《莱特兄弟》。

【总结与表扬】

首先进行总结。例行总结标志着活动的结束，基本上是每人一句话，主题是从这个故事中你学到了什么？

接下来进行表扬。作为主持人，要观察孩子的表现，并记下值得表扬的地方。在读书会的最后，要点评每一位小朋友，包括做得好的方面，你对他的期望等。

再接下来是书籍交换。如果提前有安排，此时可以交换书籍。

最后是零食大会，然后结束。

针对低年级孩子的读书会，要有仪式感。诸如固定时间、固定地点、固定套路。基本上两周一期，固定在周末的某一个时间段，每次是一样的流程。

必须强调指出的是，作为家长，关键是事先阅读故事，准备好问题。问题包括：开场问题、过程中的问题、总结性问题。问问题的目的，不是让孩子掌握知识点，而是引导孩子进行思考。答案不是关键，关键是思考。

第07章 《井底之蛙》引导设计

【成语故事】

在一口古老的废井里，住着一只小青蛙，它每天所接触的，只是一汪浅水和周围长满青苔的井壁；它所能看见的，只是井上的一小块天空。它不能想象世界之大，万物之奇妙。有一天，小青蛙在井边遇见一只从海里来的大海龟。

小青蛙得意地对大海龟说："朋友你瞧，我住在这里多快乐啊！高兴时可以跳上井栏玩耍，玩倦了就回到井里，在砖洞里休息；或者只露出头和嘴巴，静静地把全身泡在水里，也挺舒服的。还有小水虫陪伴着我呢！你看那些蝌蚪，谁能比得上我呢？这个世界属于我，我是这里的主人，自在而逍遥。大海龟啊，你为何不常到井里来游玩呢？"

大海龟听完小青蛙的描述，倒真想进去看看。但是它的左脚还没有伸进去，右脚就已绊住了。它连忙倒退了几步，笑着对小青蛙说："你见过大海吗？千里之远，不足以形容它的辽阔；万丈之高，也不足以形容它的深度。大禹时代，十年有九年闹水灾，可是海里的水并没有涨多少；而后商汤时代，八年里有七年大旱灾，海里的水也浅不了多少。徜（cháng）徉（yáng）在这样广阔的天地之中，才是最大的快乐呢！"

小青蛙听了，吃惊地望着大海龟，再也没话可说了。

【引导设计】

本文引导设计步骤如下：

第一步：开场。

1. 这个成语是否都听说过？它的意思是什么？

2. 请找几个它的近义词和反义词。

第二步：眼界。

1. 这个故事，讲了什么道理？

2. 你的第一感受是什么？

3. 小青蛙和大海龟各自代表了谁？

4. 是什么限制了小青蛙的想象力？

第三步：快乐。

1. 小青蛙在大海龟出现之前，快乐吗？

2. 小青蛙的快乐来自哪里？

3. 小青蛙的快乐和大海龟的快乐，有区别吗？

4. 小青蛙得知大海的广阔后，再也没话可说了。为什么？

5. 小青蛙羡慕大海龟吗？

6. 大海龟应该告诉小青蛙真相吗？

7. 如果你是小青蛙，你希望大海龟告诉你真相吗？

8. 你是选择做一个什么都不知道的快乐的小青蛙，还是选择做那个得知外面天地更广阔的小青蛙？为什么？

第四步：总结。

1. 在大海龟出现之前，小青蛙是快乐的。快乐，来自对比。

2. 在海龟的眼里，青蛙是浅薄的。底蕴，来自经历。

3. 告知真相，是残忍，还是好意？如果是你，你还告诉对方真相吗？

4. 得知真相，是自卑，还是奋起？如果是你，你还希望得知真相吗？

5. 从故事中，你学到了什么？

【实际操作】

时间：2018 年 3 月 23 日。

地点：网络。

人物：1 位 3 年级、3 位 4 年级、2 位 8 年级的学生。

具体操作步骤如下（"·"表示孩子们的回答，下同）：

第一步：开场。

知道这个故事的大概意思吗？近义词有哪些？反义词有哪些？

第二步：眼界。

1. 这个故事，讲了一个什么道理？你的第一感受是什么？

· 小青蛙太无知。

· 一个人不要太骄傲自大，因为还有比你更强的人。

· 小青蛙很可怜，一直没有出去过。

· 青蛙很快乐。

· 它只关注自己的一片小天地，不知道外面的世界有多精彩，所以是很无知的。

· 生活比较清闲平静。

· 青蛙学问很肤浅。

· 如果它愿意，它可以一辈子生活在它所谓的辽阔里。海龟的出现的确提醒了它，让它知道了更多，但同样让它很失落。

2. 小青蛙和大海龟各自代表了谁？

小青蛙代表了：

· 比较懒的人。

·肤浅者、孤陋寡闻的人。

·代表的应该是那种生活比较悠闲、清静然后觉得特别特别满足的那一类。

·故步自封的人。

·知足常乐的人。

大海龟代表了：

·有学问的人。

·见多识广的人。

·有冒险精神的人。

·优越感十足的人。

3. 是什么限制了小青蛙的想象力？

·环境。

·一口井。

·在井底待了太久。

·觉得这样就足够了。

·活动范围狭小。

·应该是周围的环境，以及它个人的见识，还有它的性格吧。

第三步：快乐。

1. 小青蛙在大海龟出现之前，快乐吗？它的快乐来自哪里？

·生活的宁静。

·它享受现在的安逸舒适，不追求更大的幸福。

·现在就满足了。

·它的快乐，来自于它对现状的满足。

2. 小青蛙的快乐和大海龟的快乐，有区别吗？

·我觉得没有，因为它们都生活在自己的圈子里，不管圈子是大是小，它们

的眼界是开阔与否，它们所享受的都是来自于对生活的满足的那一份快乐。

·应该没有，都是它们对生活的追求。

·有区别。小青蛙那片天地比较小，所以它体验的快乐比较少；大海龟有比较广阔的天地，所以它体验的快乐可能比小青蛙多。

·有区别。大海龟的快乐就是它能在那么大的世界里游来游去；小青蛙对自己拥有那么一小片天地就已经很满足了。

3. 如果你是小青蛙，你希望大海龟告诉你真相吗？

·是的。我觉得永远不要失去追求更高品质生活的精神。

·我希望得知真相。因为知道真相后，如果我对现状不满，就可以跳出去，然后去追求更多的乐趣。

·应该也是不确定的吧，因为那时候小青蛙的心理承受能力可能没有那么大。如果它真的是想去外面的世界，那就会希望大海龟告诉它的。如果它的压力让它对生活失去信心，还是不要告诉的好。

·如果是这个时候的我，可以在知道了外面的世界多精彩后依然可以享受我现在的生活，我会希望他告诉我；但是如果他告诉我之后我并没有能力达到，可是我内心却还是羡慕，那会让我失去我原有的快乐，那我宁愿他别告诉我。

·如果我得知外面天地更广阔，依然能保持原来的快乐，那我希望我能知道更多。但是如果我知道了之后我并不快乐，那我宁愿我什么都不知道。

4. 你是选择做一个什么都不知道的快乐的小青蛙，还是选择做那个得知外面天地更广阔的小青蛙？为什么？（大部分同学选择做后者）

·做什么都知道的小青蛙的话，可能会经历很多挫折吧。

·如果做一个那种什么都不知道的小青蛙的话，可以保持自己的那份纯真，还有初心吧。但我觉得经历挫折才能成长，所以我还是选择做一个什么都知道的小青蛙。

第四步：总结。

（引导者）你不要在一小片地方自傲，以为自己就看到了全世界。你要到全世界各个地方去游览一下。看到世界上所有的东西，这样才能积攒更多的知识。

在一个小地方，跟学识不是很渊博的人打交道，你会觉得自己学识也很渊博。但当你离开这个小地方你会发现，外面学问比你厉害的人多的是！因此我学习到了不要夜郎自大，不要自以为是，以为自己是天下学问最高的人。

我长大以后要多去外面世界看看，看看外面的人是如何比我厉害的。不要做一个孤陋寡闻的人，要勇于追求。

首先，不要自以为是，认为自己是最厉害的；其次，在看到比自己差的人时也不要贸然对比，这样会伤到别人的自尊心。

生活要保持乐观的心态，不能遇到比你强的人就失去对生活的信心。

行为形成习惯，习惯提高效率。但当环境发生变化的时候，要反思你的习惯是否需要调整。

始终围绕自己的目的，不被眼前的人、事带偏。

有时候你的好意给别人带来的是残忍。

当你告诉别人时要考虑的三件事：一是你说的对吗？二是你说的有用吗？即使你说的是对的，也要看对对方有没有用。三是对方想听吗？有的时候，我们认为自己是对的，也觉得这个对的东西是对对方有用的。于是我们告诉了对方，但对方未必会听。

第08章 《映月读书》引导设计

【成语故事】

南齐时候有个名叫江泌的书生，天资聪颖又十分好学，但因双亲体弱多病，家境贫寒，他不能和其他的孩子一样有机会到学堂里去读书求学。

然而，坎坷不幸的遭遇不能阻挠他发奋向上、努力求知。白天他做手工赚钱，维持一家人的生活；晚上人们都睡着了，他就抽时间来读书。因为家贫无钱买油点灯，只要遇到有月光的晴朗之夜，他就把书本拿到屋外，借着天上的月光来阅读。

可是月亮会慢慢移动，到了夜深人静时就慢慢西沉了。江泌便从屋里搬出一架梯子来，将它靠在墙角下，站在上面看书。月亮越来越西下，他也一级级地由梯子往上爬，一直爬到屋顶。

有时候白天工作太累了，晚上支持不住，他仍然勉强振作、发愤苦读，好几次因打瞌睡从梯子上掉落下来，就再爬上去，绝不轻易放弃任何求知的机会。

经过日复一日、年复一年的勤奋苦学，他终于取得成就，成为南康王子琳的侍读。

【引导设计】

本文引导设计过程中提出的问题如下：

1.江泌为什么这么刻苦读书？

2. 我们上学和江泌的读书，有区别吗？

3. 江泌所处的南齐距今多少年？前面的朝代是什么？后面的朝代是什么？

4. 在那个年代，老百姓想过上好的生活，有哪些办法？

5. 大家有没有这种压力：你需要通过自己的努力，去供养你的整个家庭？

6. 江泌的刻苦学习，是主动的，还是被动的？

7. 你的学习，更偏主动，还是更偏被动？

8. 大家找到了学习的目标了吗？是什么？

9. 你觉得你现在的学习苦不苦？用 1~10 分表示：1 分是非常不苦，10 分是非常苦。你的辛苦程度能打多少分？

10. 你愿意吃苦吃到几分？

【实际操作】

本文实践操作见下一章《悬梁刺股》。

第09章 《悬梁刺股》引导设计

【成语故事】

东汉时期，有个人名叫孙敬，是著名的政治家。孙敬是汉朝信都（今衡水市冀州区）人。他年少好学，博闻强记，而且视书如命。晚上看书学习常常通宵达旦。邻里们因此都称他为"闭户先生"。

孙敬读书时，随时做笔记，常常一直看到后半夜，时间长了，有时不免打起瞌睡来。一觉醒来，又懊悔不已。有一天，他抬头苦思的时候，目光停留在房梁上，顿时眼睛一亮。随即找来一根绳子，绳子的一头拴在房梁上，下边这头就跟自己的头发拴在一起。这样，每当他累了困了想打瞌睡时，只要头一低，绳子就会猛地拽一下他的头发，一疼就会惊醒而赶走睡意。从这以后，他每天晚上读书时，都用这种办法，发奋苦读。

孙敬年复一年地刻苦学习，饱读诗书，博学多才，最终成为一名通晓古今的大学问家。在当时江淮以北颇有名气，常有不远千里的学子，负笈担簦来向他求学解疑、讨论学问。

战国时期，苏秦家里以务农为生。早年到齐国求学，拜鬼谷子为师，少年的苏秦下定决心，发奋读书。他常常读书到深夜，疲倦得直想睡觉。他想出了一个方法：准备一把锥子，一打瞌睡，就用锥子往自己的大腿上刺一下。这样，猛然间感到疼痛，使自己清醒起来，再坚持读书。这就是苏秦刺股的故事。

苏秦从小吃苦好学、勤于思考、虚心向老师请教，后来成为战国时期著名的纵横家、外交家和谋略家。

后来，人们通过从孙敬和苏秦两个人读书的故事里引申出"悬梁刺股"这则成语，用来比喻发奋读书、刻苦学习的精神。

【引导设计】

本文引导设计过程中提出的问题如下：

1. 请用你自己的话总结这篇成语故事，并谈谈你的感受。

2. 成语中的孙敬、苏秦的学习态度是怎样的？他们主观上愿不愿意学习？你是如何看待你自己的学习的？

3. 孙敬和苏秦最后都成为了著名的政治家，按现在的话来说他们最后都成功了。在你们心目中什么才是成功？

4. 你认为你是为了什么而学习？是父母的要求还是你自己的意愿？或者你还没有想清楚你为什么而学习？

5. 《论语》中，孔子说："学而不厌。学而时习之，不亦乐乎。"你认为学习是乐多一些，还是苦多一些？

6. 你认为生活的苦有哪些？学习的苦有哪些？你愿意吃生活的苦还是学习的苦？

7. "没有选择吃学习的苦，在很大程度上会让人吃到更多生活的苦。"你如何理解这句话呢？你认为这个观点对吗？

8. 成语中孙敬、苏秦都经历了学习的困难，他们主动想办法进行解决。你认为你在学习中遇到了哪些困难？面对这些困难你是如何解决的？你需要得到谁的帮助？

【实际操作】

时间：2018 年 6 月 2 日。

地点：网络。

人物：4 位三年级、2 位 4 年级、1 位 5 年级、1 位 7 年级的学生。

操作过程中引导者提出的问题及孩子们的回答如下：

1. 今天是什么日子？

· 儿童节后的第一天。

2. 儿童节大家过得开不开心？

· 开心。

3. 为什么开心？

· 看电影。

· 义卖活动，为山区小朋友捐款。

· 有礼物。

· 没有作业。

· 放假了。

· 去玩了。

4. 暑假准备怎么过？

· 看医生。

· 上各种兴趣班（包括学做手工）。

· 把小号考到四级。

· 看书。

· 去家乡玩。

· 参加老师的读书会。

· 出去玩。

· 上补习班（奥数、语文）。

· 钢琴考八级（还有舞蹈等考级）。

5. 理想的生活是什么样的？理想的暑假生活是什么样的？

· 读各种书，写各种作业。

· 没有作业或者少一点。

· 有足够的时间阅读。

· 有舒适的环境，鸟语花香。

· 看电视。

· 有时间练琴。

· 看完《水浒传》。

·去世界各地看看、学习当地的知识。

·旅游。

6. 你们觉得这种理想生活有可能实现吗？

·有可能。

7. 需要哪些条件，才能把有可能变成可能？

·合理安排时间。

·要有钱。

·有心思。

·有过剩的精力。

·有资源（包括新书）。

·有兴趣。

·有能力。

·有条理。

8. 你阅读的目的是什么？

·打发时间。

·获取知识。

·认识世界。

·认识自己。

·看有兴趣的书。

·发现不足，完善自己。

·打发无聊的时间。

9. 你们的阅读和"映月读书"主人公的阅读有什么异同？

·目标相同：都是为了获取知识，力求上进，都爱读书。

·读书的方式不同：一是环境不同，即贫困（江泌）和不贫困（我们）；二是资源不同，即贫乏（江泌）和充足（我们）。

10. 我们的求知和江泌的求知，有区别吗？读书是为了获取知识。获取知识的目的又是什么呢？

· 我们获取知识比较容易（条件好），江泌比较难。

· 我们是为了增长自己的能力，江泌是为了养活自己和家人。

· 我们是为了将来赚大钱，江泌是为了解决眼下的温饱。

· 我们是为了将来有更好的生活，江泌是为了做官。

· 我们是为了自己，江泌是为了改变家庭。

11. 江泌所处的南齐距今多少年？前面的朝代是什么？后面的朝代是什么？

· 距今 1500 多年；前面是晋朝，后面是隋朝。

12. 在那个年代，老百姓想过上好的生活，有哪些办法？

· 做官。

· 讨皇帝的欢心。

· 掠夺老百姓的钱财。

（引导者）隋唐时期，中国才有了科举制。在此之前，更多的是门阀制，高门大户，类似贵族。在那种情况下，出身几乎决定了命运，可供老百姓选择的途径不多。所以说，江泌的路径很清晰：读书、学习，以获得门阀的欣赏，从而改变整个家族的地位。

13. 大家有没有这种压力：你需要通过你自己的努力，去供养你整个家庭？

· 没有。

· 长大就有了。

14. 悬梁、刺股的两位主人公，大家熟悉谁？

· 苏秦。和张仪一样，是当时的纵横家，他们都是鬼谷子的弟子，都是当时著名的活动家。

15. 苏秦主张合纵，张仪主张连横。大家想象一下中国的地图，像一只公鸡。如果再抽象一下，我们的地图就像英文字母"T"。"T"字一横的左边是哪个国家？

· 秦国。

· 最东边是齐国。

（引导者）张仪主张连横，秦国连齐国，就像写字母"T"的一横，远交近攻。苏秦主张合纵，燕国、韩、赵、魏、楚国（甚至齐国）联合，就像字母"T"的一竖。这就是"合纵连横"。

这是历史背景。我们看历史故事的时候，要了解主人公所在的朝代、所在的国家，要带着时空的观点看历史故事：时间线是故事所在的朝代，在中国历史中处于哪个阶段；空间线是故事发生的地方，在地图中的哪一块，与之相邻的地区是什么。

16.苏秦看书的目的，是和我们更接近，还是和江泌更接近？你为什么这么判断？

·和江泌比较像：①读书方式相同，都很勤奋；②读书目的相近，都想改变自己和家人的生活。

17.孙敬呢？和我们比较像，还是和苏秦比较像？

·孙敬读书做笔记、打瞌睡，和我们比较像。

·在用功的程度上，和苏秦比较像。

·孙敬是自己想学，而苏秦是必须去学。因为苏秦比较贫困，需要通过学习改变命运。书上没有说孙敬的家境比较贫困。

（引导者）孙敬和苏秦，在学习的态度上是一样的，都很刻苦。但在学习的目的上有所不同，孙敬（和我们比较像）是为了兴趣；苏秦是为了生存。

江泌、孙敬、苏秦三个人，读书的目的虽然不同，但都很用功。

18.他们三个人在学习上这么能吃苦，原因是什么？

·好学。

·热爱阅读。

·希望改变生活。

·希望充实自己。

19.他们找到了学习的目的：有的是为了兴趣，有的是为了生存。他们的学习是主动的还是被动的？

·主动的。

·主观条件是自己想学；客观条件是家里穷，不得不学习。

20. 你的学习，更偏主动，还是更偏被动？

· 说不准。

· 更偏主动。

· 主动和被动加在一起。

· 读书时主动，做作业时被动。

· 上语文课等喜欢的课的时候是主动，做作业是被动，讨厌写字。

21. 大家找到了学习的目标了吗？你的目标是什么？

· 多学知识，为以后的生活做准备。

· 增长自己的知识，以便将来过上自己想要的生活。

· 赚钱，让家人生活得更好。

· 使生活充实，不虚度时光。

· 以后能选择自己想做的事情，不让以后对不起自己。

22. 你觉得你现在的学习苦不苦？用 1 ~ 10 分表示：1 分说明非常不苦，10 分说明非常苦——悬梁刺股的苦。你的辛苦程度能打多少分？

· 3 分。

· 4 分。

· 5 分，不苦也不轻松。

· 5 分或 6 分。

23. 你愿意吃苦到几分？

· 7 分。

· 7.5 分。

· 8 分。

· 8.8 分。

（引导者）"映月读书"也好，"悬梁刺股"也罢，讲的都是一种学习的态度，要去吃学习的苦。不过，我们还是要注意学习的方法。

我们首先要愿意吃学习的苦，还要找好的学习方法，提高学习的效率；同时，还要找到学习的乐趣，就像孔子说的"学而时习之，不亦说乎"。

大家去实践一下"映月读书"，看看在月亮下面是否能看书。

我们去吃学习的苦，是为了以后在更长的时间里不去吃生活的苦，让自己和家人过上更好的生活。在该学习的时候去玩游戏、看电影，没有花更多的精力去学习，结果长大以后就找不到比较好的工作，只能非常辛苦地去干活，并且赚的钱不是很多。这就是说：没有吃学习的苦，结果吃了生活的苦。

当然了，时代在进步，与苏秦、孙敬、江泌不同，我们拥有更多的学习机会，更多的选择机会，读书上大学未必是唯一的道路。

机会多，也意味着当你的能力比较强的时候，你选择的机会会更多。不同的选择会有不同的人生。

所以说，有更多的机会是一把双刃剑：一方面，让大家都有机会；另一方面，这也会拉大人和人之间的差距。

你们是三四年级学生，学业还不算重，现在的学习真不叫苦。到了高年级的时候，你会发现作业是比较多的。这个时候，一方面你要找到学习的方法，另一方面要不断地回顾自己学习的目标，把它转化为自己学习的动力。

马上就是暑假了，看看自己要学哪些东西，合理地规划一下。既要享受人生，也要享受学习的乐趣。

总结一下今天晚上的学习。第一部分是"目标篇"，我们的目标是什么？要想实现理想的生活需要什么条件？我们认为，学习是其中最重要的方式。第二部分是"学习篇"，从三个人身上我们了解了学习的目的和态度。第三部分是"吃苦篇"，现在不吃学习的苦，将来会吃生活的苦。

24. 今天晚上的读书会，你的收获是什么？

· 古代人那么辛苦还读书，我们现在更应该刻苦读书。

· 要么就吃生活的苦，要么就吃学习的苦，反正都要吃苦的。

· 认清了自己的目标，以后要认真学习，努力学习。

· 要想不吃生活的苦，就要吃学习的苦。

· 学习要有方法。

· 学习会让自己有更多的选择。

·利用良好的条件，发奋学习，以后就不会为生活所迫。

·距 10 分的辛苦程度，我们还有努力的空间。

·学习是为了自己，我们要培养良好的学习态度。

（引导者）学习的苦，没那么苦——你们去工厂里的生产线上看看。学习的苦，相对来说，比较短暂；生活的苦，是一辈子。

通过学习，提升自己的能力，你就能抓住更多的机会，和别人有不一样的人生。

能力越强，机会越多。

不仅要吃苦学习，还要找对学习的方法，享受学习的乐趣。

第10章 《一曝十寒》引导设计

【成语故事】

孟子是战国时代的人，他不但有高深的学问，而且具有雄辩的才能，时常用深刻且生动的比喻去劝谏当时的君主。

有一次，孟子有鉴于齐王的懦弱昏庸，做事没有主见，常常听信奸臣的谗言，便毫不客气地对他说："大王实在是太不明智了！据说有一种植物生命力很坚韧，但如果把它放在阳光下晒一天，然后再把它放在阴寒的地方冻十天，它怎么还能活得成呢？我和大王相处的时间很少，或许大王接受了我一点从善的建议，可是当我离开后，那些阴险的小人又来蒙蔽您，您又会听信于他们，才刚萌芽的善心又被摧毁了，您就像那长期放在阴寒地方的植物一样，叫我怎么办呢？"

接着，孟子又打了一个巧妙的比喻，他说："下棋看起来只不过是雕虫小技，但假如不能专心一意，照样学不好。奕秋是当今棋艺最精湛的能手，有两个人向他学习下棋的本领。其中一个十分专心，静听奕秋所教导的方法；另外一个虽然也在听讲，但心里却老是想着若有鸿雁飞来时，怎样拉弓射它。两个人同拜一师学艺，但后者的成绩却不如前者，这不是他们的智力有高低之别，而是专心的程度不一样啊！大王就像那不专心的学生，我能怎么办呢？"

【引导设计】

本文引导设计步骤如下：

第一步：理解。

1. 你从这个故事中学到了什么？

2. 成语的含义是什么？

3. 列举同义词或近义词，列举反义词。

4. 这个故事的核心观点是什么？（提倡什么？反对什么？）

第二步：加深。

1. 不能坚持的原因是什么？

2. 分心的原因是什么？

3. 如果孟子建议齐王玩"王者荣耀"，齐王能坚持得下去吗？

4. 在哪些事情上我们容易坚持下去？在哪些事情上我们很难坚持下去？

5. 有没有这种情况，一件事情，本来不喜欢做，但因为被迫做了，做着做着就喜欢了，有这样的情况吗？

6. 你在写作业的时候，会被什么事情分心？

7. 你在课堂上容易分心吗？容易被什么事情分心？你是如何处理的？

8. 你有同学在课堂上分心吗？你觉得使他分心的原因可能是什么？

9. 以下问题，给予思考的时间，然后让大家轮流发言：①你在哪件事情上坚持得非常不错？为什么能够做到这一点？②你在哪件事情上坚持得不够好？原因是什么？③你有没有想做、但因未能坚持而放弃的事情？④你有没有后悔没有坚持下来的事情？这件事情如果坚持到现在，会是什么样的？

10. 我们如何坚持做一件事情？

11. 我们如何集中注意力？在课堂上、写作业的时候、复习的时候、看电视的时候……

第三步：延展。

1. 孟子是谁？

2. 孟子的两个比喻，有区别吗？

3. 孟子在影响齐王的时候，用了哪些说服手段？

4. 假设你要说服父母让你玩游戏或买玩具，你有哪些招数？

5. 如果要持续影响齐王，不让他一曝十寒，你有什么好办法吗？

6. 如果要让两个学徒专心学习下棋，你有什么好办法？

第四步：联结。

1. 在这个学期，你需要坚持做的事情有哪些？你如何避免自己一曝十寒？你希望你的父母如何帮助你坚持？

2. 对于你的父母，你有没有希望他们坚持下去的一些事情或做法？

【实际操作】

时间：2018 年 4 月 1 日。

地点：网络。

人物：1 位 3 年级、3 位 5 年级、1 位 8 年级的学生。

操作过程中引导者提出的问题及孩子们的回答如下：

1. 说出该成语的近义词和反义词：

·近义词：半途而废、虎头蛇尾、三心二意、有始无终、三天打鱼两天晒网、十日寒之。

·反义词：坚持不懈、一心一意、持之以恒、有始有终、水滴石穿、日积月累、自始至终、锲而不舍。

2. 你从这个故事中学到了什么？

·做事要坚持、专心。

·学习任何东西都要专心致志，如果在学的时候分心，那么有再高明的老师

也学不成。

· 我们做一件事就要坚持做完。

· 虽然是劝诫别人，但用委婉的方式会更容易让人接受。

· 孟子用各种比喻劝导大王，是很机智的人。

· 不管学问多高，劝诫别人要用合适的方式，方式不合适会引起别人的反感，别人就不会听从。

（引导者）学习到两点：第一点，做事情要专心致志，坚持到底；第二点，劝诫别人时要委婉一点，可以用比喻等方式。

3. 做一件事情不能坚持的原因是什么呢？（比如故事中的齐王）

· 有外界干扰，并且自己内心不够强大。

· 因为其他人的欺骗。

· 一是阴险的小人来蒙蔽齐王，二是齐王自己不能做出判断。

· 因为齐王没有主见。

4. 如果孟子是劝齐王玩"王者荣耀"游戏的话，他能否坚持下去呢？

· 我觉得应该能吧，你想想玩游戏多开心呀。

· 能，因为他觉得是很新的东西，很好奇，所以能坚持下去。

· 那得看他对"王者荣耀"是否感兴趣，如果感兴趣的话能坚持下去，如果觉得很无聊的话，就会坚持不下去。

· 可能不会，因为每个人都有自己的喜好，有可能齐王不喜欢玩"王者荣耀"，对它不感兴趣。

· "王者荣耀"这个游戏的设计是非常具有诱惑性的，并且玩起来不是十分困难。

· 你喜欢做的事情就能坚持，不喜欢的话就不能坚持得很久。

5. 在哪些事情上我们容易坚持下去？在哪些事情上我们很难坚持下去？

· 在我们喜欢做的事情上，特别容易坚持下去，不喜欢的事情很难坚持下去。

· 对我们很感兴趣的事情，很容易坚持下去。对我们不喜欢或者很讨厌的事情就很难坚持下去。

· 在很容易做、而且自己有信心能做完这件事情的时候，很容易坚持下去。

· 比如背诵课文，我不喜欢背诵课文，很难坚持下去，但是玩游戏的话，很容易就能坚持下去。

6. 有没有这种情况，一件事情，本来不喜欢做，但因为被迫做了，做着做着就喜欢了，有这样的情况吗？

· 对于自己不得不做的事情可能坚持下去，这要有人监督。但对于自己所喜欢的事情肯定能坚持下去。

· 对我来说，我学《颜氏家训》的时候，开始觉得特别枯燥无聊，后来觉得越来越有趣，我就开始喜欢做这件事了。

· 在我的身上暂时没有这种情况，因为我不喜欢的事情我就不想去做，然后我就会变得很勉强。

· 我以前很讨厌上一些补习班，但上久了，我越来越积极地回答问题，我就喜欢了，甚至是梦寐以求了。

· 比如说我刚开始不喜欢弹钢琴，后来弹着弹着就喜欢上了。

7. 从三位男同学的发言中，有没有找到规律——从不喜欢到喜欢？

· 不断去做就会喜欢上，行为是可以改变态度的。

· 开始不喜欢，一直坚持下去，渐渐就喜欢了。

· 当你做一件事情很久以后，你非常熟悉了，你就会喜欢。

· 开始不喜欢，慢慢做的话，就可以从中找到乐趣。

（引导者）能力提升后，受到了来自外界的肯定。于是我们的成就感越来越

大，开始从不喜欢到喜欢，这是第一个规律。第二个规律呢，是行为改变态度，有的事情不喜欢做，做着做着可能就喜欢上了。有时，由于父母或老师的要求，我们会做一些不喜欢的事情。但随着时间的推移，我们的能力不断地提升，找到了更多的成就感，所以我们就慢慢地喜欢上这件事情了。

8. 从不喜欢到喜欢的过程，我们又学到了什么呢？

· 生活总有点不顺意，天性如何不重要，重要的是你开始改变。

· 要学会在事务中找到快乐，要及时鼓励自己。

· 坚持就会有收获。

· 当你做一件事情，开始感到陌生，等你熟悉了，你就会渐渐喜欢。

· 要从你不喜欢的事务当中找到你喜欢的东西。

（引导者）有的时候我们要去接受一些压力，关键要去从事务中找到快乐，及时鼓励自己，有的时候需要忍受才能够坚持下去。

9. 孟子让齐王坚持做的事情是什么？

· 要治理好国家，不要轻易听信小人，并希望齐王从善，以民为重。

10. 成语故事里有个关键词是"分心"，大家结合故事来分析分心的原因，也可以结合自己日常的学习和生活来谈一谈分心的原因是什么？是什么导致了分心？

· 因为他总是想着要射鸿雁，所以分心。

· 对这件事情没有兴趣，而且没有耐心，或者说没有明确目标。

· 下棋课上得太久了，都会了，所以就觉得很无聊，心跑到爪哇国去了。

11. 我们在学习（写作业、课堂上）时，容易被哪些事情分心？

· 别人跟我们讲有趣的东西容易分心。

· 被玩具分心和想象写完作业干有趣的事情分心。

· 被窗外的小鸟、客厅里的音乐和电视里的声音分心。

·别人讲悄悄话。

·被外面吵闹的声音分心。

·被自己所喜欢的东西分心或者别人喊你的时候分心。

12. 写作业的时候爸爸妈妈坐在旁边，会不会分心？

·不会。

·不会分心，父母监督。

·有可能会分心，父母玩手机或者看电视剧会吵到我。

（引导者）找到自己的方法，让自己聚焦到自己的事情上，保证自己不分心。有的分心来自于自己，比如想到其他喜欢的事情；有的分心是因为外面，比如客厅的电视声，窗外的鸟鸣声，旁边的同学说话声，等等。对于自己分心的事情可能有些方法可以控制，外界导致分心的，要自己控制情绪，否则心越分越浮躁。

13. 你在哪件事情上坚持得非常不错？为什么能够做到这一点？你在哪件事情上做得不够好，原因是什么？你有没有想做、但因未能坚持而放弃的事情？你有没有后悔没有坚持下来的事情？这件事如果坚持到现在会是什么样的？

·我在弹钢琴方面坚持得不错，因为我觉得，在你生气或者伤心的时候听一下音乐可以平复心情；我在打篮球上坚持得不够好，我总是因为要上各种课，没能去打；我后悔没有坚持下去的事是下围棋，如果这件事情能坚持下来的话，应该能冲2段。

·"学而思"数学我坚持得不错，因为我喜欢老师，老师经常表扬我，所以坚持得不错；坚持得不好的事是游泳，我比较怕冷，就不想去游泳；我后悔没有坚持的事是书法班，我要是坚持的话，现在书法水平会更高。

·我对阅读的坚持非常好，我对阅读非常感兴趣；我对学习坚持得不好，我在学习的时候总是想其他的事情；我后悔没有坚持口算，如果坚持下来的话，我的数学成绩会更好。

·我在跳绳上坚持得不错，因为是由我妈妈监督；我在打篮球上坚持得不好，因为我对这件事情没有任何兴趣；我十分想写一手好毛笔字，如果我坚持下来的话，现在可能写得一手好毛笔字。

·我在每天运动方面坚持得不错，因为爸爸妈妈经常鼓励我；我写作业的认真程度不好，我经常分心；我学习跆拳道太苦了，很累，没能坚持下来，在学校看到同学们表演，我也很想参加，如果我能坚持下来，我现在也肯定可以在台上表演，被同学们崇拜。

（引导者）我们坚持的东西，可能是自己感兴趣的，也可能是外界强大的监督力量。有些事情没有坚持下去，估计是因为我们看不到坚持的希望，或者说还没来得及享受到坚持的乐趣。有些事情没有坚持下来无所谓，有些事情没有坚持下来很遗憾，因为它有可能让我们比现在更好。当然，坚持做一件事情，需要意志力，有恒心的人总是在做选择，对于我们来说，每次选择都要花时间，这样让我们更明智。

同学们继续总结：

·自己不喜欢，但对自己很有帮助的事情，要坚持下去；自己很有兴趣，但对学习没有帮助的事情，可以不坚持。

·我懂得了坚持不一定会成功，但不坚持一定不会成功的道理。并且要学会找到做一件事情时的快乐。

·做事或者求学，要坚持，不能三天打鱼两天晒网。劝诫别人的时候方式要委婉，不能让别人反感，如果反感的话，他就不会听从劝诫。

·如果选择错误，就会有短暂的不高兴，但是在你知道选择错误后，你要么逃避，要么坚持学习，把错误的变成正确的。

·做事一定要坚持，不能半途而废，要持之以恒。解决问题的时候要委婉，不要产生矛盾，做事情在善良的基础上去做。

（引导者）从孟子的角度来说，他希望改变这个世界，但资源有限，所以他要说服当时的执政者齐王。这也说明，当你有一个很好的想法时，要找到更多的人支持你，或者说你要去影响更多的人。但这个故事讲得更多的是坚持，在坚持的过程中要抵制住外界的诱惑，有些事情还是要坚持自己的正确看法。

坚持该坚持的，放弃没用的，但要有智慧地去区分二者。坚持不一定成功，不坚持一定不成功，看对了方向，就坚持下去。不仅自己要咬牙坚持，还要借助外力坚持。不断思考，找到方法，从成长中获得成就感，给坚持以动力。

课后问题：

在这个学期，你需要坚持做的事情有哪些？你如何避免一曝十寒？你希望你的父母如何帮助你坚持下去呢？

第 11 章 《滥竽充数》引导设计

【成语故事】

战国时代的齐宣王爱好音乐，尤其喜欢听竽（一种吹奏乐器，似笙而稍大）。而他听竽还有一个特殊的地方，即人数越多越好，通常要用 300 人，大家同时吹起，真是痛快极了。所以，皇宫里常年养着几百名吹竽手，一有需要，马上集合起来为他演奏。这些吹竽手算是皇家御用的，待遇还很不错呢！

有个姓南郭的读书人，没能得到官做，生活很困顿。而他除了读书，又无一技之长可以养活自己，总想着用什么法子改善生活。宣王的爱好给了他启发，他想既然是几百人一起吹奏，中间混杂一两个不会吹竽的，在那里鼓着腮帮子，假装卖力地吹，只要不发出声音，宣王是听不出来的。他抱着试试看的想法进宫求见，对宣王说自己如何吹竽吹得高明。宣王一向很尊重会吹竽的人，也没当场试吹，就很愉快地把他编入常备吹竽手的队伍，给他的俸禄很高，相当于几百个寻常百姓的口粮呢！

这位南郭先生混了好几年的好生活，每晚都在被窝里面偷笑，并且祈祷宣王能长命百岁。可是宣王最终还是死了，湣王继位。

湣王受他父王的熏陶，也喜欢音乐，尤其是听竽。可是跟他父王相反，他喜欢听独奏，便命那几百名吹竽手轮流演奏给他听。这下南郭先生没法接着混吃混喝了，只好悄悄地溜走了。

【引导设计】

本文引导设计过程中提出的问题如下：

1. 成语的寓意是什么？

2. 你身边有南郭先生这样的人吗？

3. 如何评价南郭先生？

4. 南郭先生滥竽充数伤害了谁？

5. 如何评价齐宣王？

6. 南郭先生的遭遇说明了什么？

7. 如果你是300人乐队中的一员，发现有人（南郭先生）在假吹，你会采取以下 A、B、C、D、E、F 几种行动中的哪一种？

· A. 不爽。

· B. 无所谓，装作没看到。

· C. 向他学习，假吹。

· D. 指责。

· E. 举报。

· F. 私下教他。

8. 如果你是南郭先生的朋友，你会如何处理？

9. 假设你是南郭先生，你被朋友举报假吹，你感觉如何？你会如何做？

10. 如果你是南郭先生，你会怎么做？

11. 南郭先生离开王室吹竽团队，可以做什么谋生？

【实际操作】

时间：2018 年 6 月 15 日。

地点：网络。

人物：4 个 3 年级、2 个 5 年级、1 个 8 年级的学生。

操作过程中引导者提出的问题及孩子们的回答如下：

1. 滥竽充数这个成语的寓意是什么？

· 没有才能的人混进有才能的人里面去充数。

· 让人们不要偷懒，不要干一些不正经的事情。

· 以假乱真。

· 一个根本没有才艺的人混到一群货真价实的人当中，只能充个数，什么贡献都没有。

· 抵制偷懒。

· 本意是指不真实的、虚假的。其实就是指一个没有什么本事的人在一群行家里面混。

· 不要总是混日子，迟早有一天会被揭穿的。

· 感觉和浑水摸鱼很像，在一群人中混，装模作样。

· 名不副实的意思。

· 来混饭吃。

2. 在一群有才的人中间混了这么久，这是不是一种才能呢？

· 不是，是虚假的。

· 早晚会被发现的。

· 就算不被发现，也不会坚持很长时间。

说是不是应该从两个方面讲：一是因为南郭先生本身也不会吹竽，而他在一群会吹竽的人中混，他其实是没有什么本事的；但是如果换一个方面，他在里面混得很好，他装模作样演得好，类似于现在的演员，那其实也是一种本事。

· 不会坚持很长时间，因为迟早会混不下去的，那算什么才能，就是作弊而已。

3. 南郭先生坚持到了齐宣王死的时候，难道这不是一种能力吗？

·这不是一种才能，他是在作弊。

·他只是混日子的，而且维持了很长时间，就是再长也不是才能。

·人多，齐宣王比较傻，没有精挑细选，所以才能混这么久。

·是听的人听不出来而已，才让他混了这么长时间。

·不能算是能力，能力是要干好事，而不是像南郭先生那样滥竽充数，那是"吃白饭"。

·这是一种才能，因为他混进去了不被发现，这是一种很强大的才能。

·是角度问题，如果本事是指吹竽，那他确实没有本事；如果从演技上来说，他逃过了齐宣王的审查，类似于演员了，这是一种能力。

（引导者）首先，要界定能力，如果是指吹竽的能力的话，南郭先生是没有的；如果说指求生能力的话，南郭先生是有的。其次，能力与事情的好坏之间没有关系，干好事需要能力，干坏事也需要能力。

这个成语讲了两点，一是才不配位，指的是你在那个位置上，但是你的才能是不够的。南郭先生的岗位是吹竽，但是他不会吹，这就叫才不配位。

4.中国传统文化讲什么不配位？

·德不配位。

（引导者）是的，儒家讲得比较多的是德不配位。指的是在比较高的位置上的人，比如说国家领导人，你的道德水平一定要高。如果德不配位的话，会给社会带来很大的危害。

5.这个成语讲的第二点是"搭便车"。搭便车是啥意思？

·就是滥竽充数的意思。

·就是搭顺风车的意思。

（引导者）搭便车指的是不用付出成本而坐享他人成就的一种投机行为。举个例子，今天放学的时候老师布置作业，非常多，这时候有两三个同学跳起来

说:"老师,作业太多了,我们要过父亲节、要过端午节,作业要少一点。"老师一听,觉得有道理,就同意了,说:"好吧,我们把作业减半吧。"这种情况下其他没有发言的同学,就"搭便车"了。他们没有去跟老师沟通,没有付出成本,但也享受了作业少做一半的好处。这种没做什么事,但是也得到好处的行为,叫作搭便车。

这样的话,大家就会发现,在生活中我们可能很少会滥竽充数,但是我们可能会有比较多的"搭便车"的行为。

6. 你们身边有"南郭先生"吗?就是本身没那个能力,但是位置还比较高的那种人?

·有、有、有!我们学校刚刚办了个合唱团,我班上有个唱歌非常难听的同学去参加了,可是老师也没有发现。我觉得她的本性就是跟滥竽充数里面南郭先生是一样的。

·最典型的是我同学。他父母是个什么什么身份,然后呢,HL 中学就要他了,然后还弄了个什么四维学校,典型的。还有靠关系的(校长的亲戚)。

·我的同桌,他是大队长,但我觉得他成绩不行,也不怎么谦虚。

·我们班长,但成绩和我差不多。

(引导者)大家在自己的身边,也看到了"南郭先生"。这种情况的发生,大家已经说了第一个原因,叫作"裙带关系"。第二个原因可能是因为运气。比如某一件事情,他做好了,别人也看到了,他也给领导留下了一个比较好的印象,于是领导给了他一个超过他能力的这个位置。第三种情况就是南郭先生这种情况,他是凭手段混进去的。这就是才不配位的三种可能的原因,即关系、运气和手段。

7. 用三个词评价南郭先生。

·不诚实,胆小,耍心机。

·滥竽充数,偷懒,没有才能。

· 歪点子多。

· 机灵，不务正业，勇敢。

· 浑水摸鱼，以次充好，坐享其福。

· 存在侥幸心理。

· 名不副实、浑水摸鱼、鱼目混珠。

（引导者）每个人对南郭先生都有自己的看法，我们就不统一了。大家谈到南郭先生比较机灵，有点小聪明。他是一个善于抓住机会的人。他敢蒙骗当时的齐宣王，说明他还是比较胆大的。同时，它还有比较严重的侥幸心理。

8. 大家喜欢南郭先生吗？

· 不喜欢、不喜欢，真不喜欢！这么胆小，做了朋友之后，万一遇到什么危险肯定先丢下你自己跑了。而且还是披着羊皮的狼，那么会伪装，要是和他打交道的话，万一搞得一身假回来可就不好了。

· 不喜欢，他应该是被社会淘汰的那种人。

· 其实说真的，这个南郭先生，我也说不上是喜欢还是不喜欢，这事可以写成一篇议论文。首先，文章开头也说了，他只是一个普通的穷苦书生，除了读书没有什么特别的。然后呢，他家境贫寒，在那个时代，发奋读书是唯一的出路，所以他可能是被生活所迫导致，情有可原。但是，从另一个方面讲的话就是另外一个论点：他现在是属于滥竽充数，就是以次充好的类型，我觉得这样做是不对的。所以对南郭先生根本谈不上喜欢还是不喜欢，说不清楚。

· 喜欢的是，他懂得抓取机会。不喜欢的是他投机取巧，不去学吹竽，而是要浑水摸鱼。

· 我有点喜欢有点不喜欢的。喜欢是因为他聪明，如果他的这种智慧放在其他的地方，他应该能在社会上变成一个有用的人。但是，他用错了地方，这就是我不喜欢他的地方，他没有把他的智慧用在正确的地方。

·其实我也有喜欢他的地方和不喜欢他的地方。喜欢的地方就是他挺聪明的，在皇宫里面混了这么多年好吃好喝的日子，想必也是用了很多条妙计啊什么的。这么久都没有被发现，那肯定聪明得很嘛，有智慧。但是，他把这个聪明用到了有点不大正当的地方。我不喜欢的地方就是他不大诚实，浑水摸鱼，一直在那里伪装，非常的不好。

·其实说真的这个很难判断的。首先论点一是，这个人其实他并不令人生厌。他家境贫寒，是读书人，又没有官职，在那个时候，生活所迫，又没有出路，这个时候他去要弄小聪明，打算浑水摸鱼，这当然是不对的。但是，从第二论点来看，他滥竽充数，其他人都是会吹竽的人，他们拿到自己应得的俸禄。而南郭先生根本没有吹竽，所以他是作假，其实他就是什么也没干，就得到了好处。

·敬佩他一个地方吧，就是他演戏演到了国王死去，坚持了这么久，我也无法做到这一点。所以嘛，我是一半喜欢一半不喜欢。不喜欢嘛，是因为这样做迟早会被戳穿的，所以还是做个诚实可靠的人吧。

·说真的，其实我倒是佩服这个南郭先生的。你看，一个穷苦的读书人，几句话就把皇上给打动了，让他坐在吹竽手中间在宫里过了几年好吃好喝的日子。

·有点喜欢有点不喜欢。有点喜欢是因为他很胆大，连齐王都敢骗，在王宫里也敢赌一赌。不喜欢的是因为他那个智慧用错了地方。

（引导者）好的，大家说得非常深入啊，已经可以称为南郭先生的知心好友了，对他了解得比较深刻了。

我尝试总结一下大家的看法啊。南郭先生的行为有值得原谅的地方，因为毕竟他是受环境所迫，滥竽充数做了一个吹竽手，是为了生活，这是第一点。第二点，我们觉得这种行为不是很好。当他受环境所迫，凭自己的小聪明混到那个吹竽手的行列了，但他不能继续混下去，应该花精力去学习，让自己才能配位。喜不喜欢他呢，还有第三个方面的分析。我想问一下下面的问题——

9. 南郭先生的这种行为伤害了谁？

·伤害了齐宣王：他混吃混喝，浪费了齐宣王的钱财。

·伤害了齐滑王：因为要独奏的时候，他跑了。

·伤害了自己：欺君罔上，最终会害人害己。

·伤害了其他吹竽手：其他人是真本领，给了齐宣王诚信。南郭先生没有本领，如果被发现，会降低齐宣王对所有吹竽手的评价。

·伤害了其他299人：因为南郭先生的工资是其他人帮他挣的。

·伤害了听众：有的认为没有伤害，因为他没有发声。有的认为即使没有发声，也因为欺骗而伤害了听众。

·伤害了4个人：第一个是齐宣王，因为齐宣王给了他很高的俸禄让他来吹竽，但他不会吹竽，其实就是浪费了国库的钱财。第二个是南郭先生他自己，他根本没有真本事，所以这其实是自欺欺人，骗了自己。第三个是平民百姓，文中有一段落是齐宣王给南郭先生的俸禄相当于几百人的口粮，这几百人的口粮其实是来自平民百姓的。第四个是伤害了国家，因为增加了税收。

（引导者）齐宣王给南郭先生俸禄，并没有伤害到老百姓，因为齐宣王本来就准备了300人的俸禄，南郭先生不拿，其他人也会拿。也就是说，南郭先生并没有增加齐王的支出，所以没有增加老百姓的负担。

有的孩子这样问，南郭先生他没有做任何事情，然后突然拿到了一份他本不应该得到的东西，而这个东西来自老百姓，怎么会没有伤害到老百姓呢？

（引导者）不管有没有南郭先生，老百姓都是要交那么多的税的，因为齐宣王要支付300人的俸禄。这些俸禄，要么给张三，要么给李四，现在给了南郭先生。所以说，南郭先生并没有因为自己拿俸禄而增加了老百姓的税收。

这里面有两个问题，一个是成本，一个是收益。齐宣王的成本（俸禄）给到真正的吹竽手，是有收益的；给到南郭先生，是没有收益的。虽然收益不同，但

是，成本是一样的，所以我们说南郭先生并没有伤害老百姓和国家。

同时，从上面的分析中，我们也可以得出结论：南郭先生伤害的第一个人是被他顶岗的那个真正会吹竽的人，因为南郭先生占据了一个名额。

10. 南郭先生有没有伤害齐宣王？这个问题，细化成几个小问题：第一，齐宣王为什么需要这么多人合奏？

· 齐宣王喜欢合奏，可能是先天性耳背，也可能是受先人的影响，也可能是喜欢大家团结做事的这样一种感觉。

· 齐宣王想听音乐，放松心情。

· 在他看来，合奏比独奏更好听。

· 外交的需要：用300人的合奏表示欢迎。

· 用人多来满足自己的虚荣心。

· 觉得人多更气派。

11. 第二，南郭先生的装腔作势、滥竽充数，有没有影响整个乐队的表演质量？这种表演质量有没有损害齐宣王的欣赏感受？

· 好像并没有影响到。

· 他没有发出声音，所以没有影响到整个乐队的质量。

12. 假设南郭先生吹竽的水平也比较高，和大家都差不多，这是一种集体演奏的质量。南郭先生混在里面不会吹，这也是一种集体演奏的质量。这两个质量对齐宣王的欣赏来说有没有影响？有没有差别？如果有的话，差别大不大？

· 没有任何的差别。

· 有差别，但差别不大。

· 其中有伤害，也有没伤害的吧。伤害了的话是使整个乐队那个音量小了影响收听体验，没伤害的是使乐队人数更整齐。

· 少了一份演奏，少了一点声音，差别不大。

13. 第三，回到我们最终的问题：南郭先生对齐宣王的伤害大不大？

· 从演奏质量上看，对齐宣王的伤害不大。

· 伤害很大，毕竟，他没有演奏。

14. 齐宣王没有发现南郭先生在假吹，所以说，齐宣王没有感觉到被伤害。那么，南郭先生对齐宣王有伤害吗？

· 有伤害，因为齐宣王掌握的整个国家，国家给了他俸禄。

· 还是有伤害的。

· 这是一种隐藏的伤害。比如外伤和内伤，如果是外伤的话，你是知道的；如果是内伤的话，你是不知道的，但对你的身体还是有伤害的。

（引导者）南郭先生对齐宣王的伤害到底有没有、大不大，我们没有定论。从客观上说，伤害不大，因为南郭先生对演奏质量影响不大；主观上说，还是有伤害的，因为他欺骗了齐宣王。

15. 南郭先生对其他吹竽手的伤害是什么？或者换个问法，其他的人因为南郭先生的行为有损失吗？如果有的话，有什么损失？

· 也没有什么损失吧？只不过是南郭先生滥用了别人的那些工作成果。

· 有，其他人应该得到更多的工资，因为南郭先生的工资是其他人帮他赚的。

· 会有精神上的损失，心理受伤害了。别人可能会想为什么他可以浑水摸鱼而我不能？然后他们可能就会学南郭先生，也浑水摸鱼了。

· 损害了集体的利益。

· 感觉不公正。

· 这里存在着一个对比伤害。就是每个人都拿了一样的酬劳，可是他们付出的却是不一样的汗水，就存在着一个不公平的差异。

（引导者）南郭先生的行为对其他吹竽手的伤害，有没有？咱们先从利益的角度来分析。大家都拿了俸禄，南郭先生的俸禄并不是从其他吹竽手中分出来的。

也就是说，南郭先生的俸禄并不影响其他人的收入。同时，南郭先生也并没有让其他人帮他去吹竽，也就是说，他也没有增加其他吹竽手的工作量。从这个角度来说，南郭先生并没有对其他人造成伤害：既没有增加你的事情，也没有减少你的收入，所以我对你们是没有影响的。

刚才有人谈到，南郭先生的这种行为，对别人的心理造成了伤害，大家感觉到不公平：凭什么你拿钱不干活！

16. 大家身边有没有这样的人：他会觉得南郭先生的行为无所谓，你干不干活、拿多少钱与我没关系，只要我不多干活我也不少拿钱就行了。

·应该会有。

·林子大了，什么鸟都有。

·我感觉我妈就是这样的。

·我妈妈工作的公司里有很多这样的人。

17. 这个话题呢，我们还可以换个角度问：假设你是这300人中的另外一个人，你发现了南郭先生在滥竽充数，你会采取以下 A、B、C、D、E、F 几种行动中的哪一种？

·A. 不爽。（没有人选）

·B. 无所谓，装作没看到。（有1人选）

·C. 向他学习，假吹。（没有人选）

·D. 指责。（有1人选）

·E. 举报。（有2人选）

·F. 私下教他。（有3人选）

18. 如果你是南郭先生的好朋友，你会选哪一个？

·绝大多数选F，只有1人选了D、1人选了E。

19. 为什么是朋友就要帮忙呢？

·有私人情感。

·朋友之间是有友谊的，如果你跟他不是朋友的话，你是不可能愿意帮助他的；当你了解他、熟悉了他之后你会觉得他这个人很好，然后会不由自主地跟他交上朋友，然后呢，如果他有什么困难你也会不由自主地帮助他。

·朋友总比其他人关系更密切一点。

·友谊很珍贵。

20. 帮助好朋友，有没有好处？

·有，加深友谊，等你有难的时候他也会帮助你。

·你帮助朋友了，不管对方帮不帮你，你内心都会很欣慰。

·帮助别人自己很快乐。

（引导者）我们帮朋友，感觉很开心，情感上有收获了。但这个不是关键，因为即使你帮助另外一个你不认识的人，你也会很开心啊。这就是说，帮助别人，自己会感到很快乐。但这个别人不仅指朋友，也可以指陌生人。

另一个好处是你帮朋友，朋友以后可能也会帮助你。这是利益交换。

总之，人和人之间的交往是讲两个方面，一个是情感，另一个是利益。帮助朋友，这两个都能满足。

21. 南郭先生后来怎么样了？

·刻苦学习，凭才能再次进宫。

·学习新的求生技艺。

·到其他地方滥竽充数。

·躲在家里，很害羞，不想让别人看到他。

·发奋读书，当上了官。

·可以当戏子，他还是有演戏的天分。

（引导者）大家说了，一种情况是他会痛定思痛，痛改前非，苦练技能。不过，这个概率可能不太高，否则他早就把能力练上去了。第二种情况的概率可能比较高一点，那就是继续寻找滥竽充数的机会。如果他在当代社会的话，他还可以做第三件事情：把自己包装一下，说我做了多少年的皇家宫廷吹竽手，你们请我做品牌顾问吧。

22. 总结一下，你今天有哪些收获？

·不能滥竽充数，不然的话早晚会被揭穿的，要做一个勤奋老实的人。

·好好学习，天天向上。

·既要学习南郭先生抓住机会的能力，又要避免有鱼目混珠的侥幸心理。

·不能像南郭先生那样滥竽充数，要学会一门技术，而且要继续发展下去，取得很好的成就，不要像南郭先生那样一事无成。

（引导者）首先，我们要抓住机会，要选择合适的环境。其次，或者说更重要的是，我们要拥有自己的一技之长，有自己的核心能力。你能力越强，你才能够更加自如地应对外部变化比较快的环境，能力越大，选择越多。

齐宣王的教训告诉我们，你还是要花点精力去甄别人才的。不仅要看人家怎么说，还要看人家怎么做。

站在其他299位乐队手的角度来说，有点纠结啊。一方面我们鄙视那些滥竽充数的人；但另一方面，我们也要提醒自己，你的利益没有受损失，所以不妨用更宽容的心来看待别人，别人的所得未必是你的所失。为人宽容一点，你会发现生活中的美可能会更多一点。

对于南郭先生，我们不要去学习他，你可以鄙视他，但没有必要去谴责他，我们要有博大的胸怀，用宽容的心去面对这个世界。

第12章　《落井下石》引导设计

【成语故事】

柳宗元，字子厚（公元 773—819 年），是"唐宋八大家"（又称"唐宋散文八大家"，是唐代韩愈、柳宗元和宋代欧阳修、苏轼、苏洵、苏辙、王安石、曾巩 8 位散文家的合称）之一。他 21 岁进士及第，当过蓝田尉，后被调回长安，任监察御史，得以结识官场上层人物。

贞元二十一年（公元 805 年）正月，唐德宗驾崩，太子李诵继位，即唐顺宗，并改年号为永贞。顺宗即位后重用王叔文等人，积极进行改革，史称"永贞革新"。柳宗元与王叔文政见相同，也受到重用，被提拔为礼部员外郎，掌管礼仪、享祭和贡举。可惜这次改革只维持一百多天就宣告失败了，顺宗被迫禅位给宪宗；而参与改革的人都受到打击，柳宗元被贬到南方，先后任职于邵州、永州、柳州。元和十四年（公元 819 年），宪宗实行大赦，召柳宗元回京，但诏书尚未到达柳州他就病死了，那年他 47 岁。

韩愈在文学上是柳宗元的盟友，他写的《柳子厚墓志铭》中有一段话："呜呼！士穷乃见节义。今夫平居里巷相慕悦，酒食游戏相征逐，诩诩（讨好取媚的样子——引者注）强笑语以相取下，握手出肺肝相示，指天日涕泣，誓生死不相背负，真若可信。一旦临小利害，仅如毛发比，反眼若不相识。落陷穽（同'阱'——引者注）穿，不一引手救，反挤之，又下石焉者，皆

是也。"

意思是说："呜呼！士人到了穷境时，他的节操和义气才显现出来。像现今那些人，平日都是街坊邻居，互相仰慕讨好，吃喝玩乐，来往频繁，夸夸其谈，强作笑颜，互相吹捧，手握着手，掏心掏肺，指天誓日，鼻涕眼泪，说什么不论生死都不相背弃，真好像可信啊。一旦遇到利害冲突，哪怕只是头发丝般细小，便翻脸不认人。朋友落入陷阱，不但不伸手拉一把，还挤他下去，再往里面扔石头。这样的人到处都是啊！"

【引导设计】

第一步：理解成语。

1. "落井下石"是什么意思？

2. "落井下石"的近义词有哪些？反义词有哪些？

3. 你能举一个类似"落井下石"的例子吗？

第二步：案例分析。

1. 小明上课睡着了，被老师点名来回答问题，结果回答不出来，同学们哄堂大笑。同学们是在落井下石吗？

2. 小华欺负了小红，小红向老师哭诉，这时，旁边的小白也向老师告小华的状。小白是落井下石吗？

3. 你在学校表现不好，被老师批评了，觉得很委屈，回来后向爸妈哭诉，结果又被爸妈批评了一顿。爸妈是落井下石吗？

4. 妈妈下班做饭，很是疲惫，女儿小王体谅妈妈，想帮妈妈收拾餐桌，结果把剩菜打翻在地，反而增加了妈妈的工作量，让妈妈更加劳累。小王是落井下石吗？

5. 周五放学，语文老师布置了很多作业，包括写作文。没想到数学老师又出现了，又布置了很多作业。数学老师是落井下石吗？

第三步：交什么样的朋友。

1. 你和同学的关系都一样吗？有没有成为你朋友的同学？有没有关系特别好的同学？

2. 什么样的同学你愿意成为他的朋友？

3. 你对朋友分类吗？

4. 你想结交什么样的朋友？

5. 你一般是如何维持你们之间的友谊的？

6. 你会和好朋友分享秘密吗？会分享你心爱的玩具吗？

7. 你觉得什么样的朋友不能交？

8. 你如何分辨你的朋友？

第四步：如何与朋友相处。

1. 如果你的朋友有困难了，你会帮助他吗？什么样的情况下，你不会帮？

2. 你会借橡皮或涂改液给你的朋友吗？

3. 考试的时候你会告诉朋友他不会的题目的答案吗？

4. 值日的时候你朋友弄坏了同学的课本，你会替他保密吗？

5. 你朋友私下说另一个同学的坏话，你会怎么处理：继续听？还是告诉你朋友“背后说别人坏话是不好的，我不听”？

6. 如果你被同学或者朋友落井下石了，你会如何处理？

第五步：背景知识。

1. 了解韩愈的生平事迹。

2. 了解刘禹锡的生平事迹。

3. 了解柳宗元的生平事迹。

4. 了解唐宋八大家的故事。

5. 了解二王八司马革新的故事。

【实际操作】

时间：2018 年 10 月 14 日，周日晚上。

地点：网络。

参加人员：3 位 2 年级、3 位 4 年级、2 位 5 年级的学生。

具体操作步骤如下：

第一步：理解成语。

1. 你对"落井下石"这个成语的理解。

· 朋友遇到了困难，不去帮他反而去害他，这是不对的。

· 朋友有困难了，他非但不帮助他，还要加害他。

· 有一个人快要掉到井里，可我们不仅没有去救他，还把他推下去，往里面丢石头。

· 比喻别人有困难时不加以帮助，反而趁机加以陷害。

· 别人已经很困难了，你还去害他。

2. "落井下石"的近义词，除了"乘人之危"，还有哪些？

· 看风使舵。（这个不是近义词哦）

· 趁火打劫。

· 火上浇油。

· 雪上加霜。

3. "落井下石"的反义词有哪些？

· 雪中送炭。

· 锦上添花。

· 掏心掏肺（这个不算哦）。

4. 请大家举一个落井下石的例子。

· 运动会上我的跑步成绩是第四名，别人不但不鼓励我，反而还说：你怎么给班级拖后腿了。

·我上次跑 800 米，跑到最后结果肠胃炎犯了，同学不帮我，反而笑话我。

·我不小心被石头绊倒了，其他的同学不仅不扶我，还踢了我一脚。

·我长得比较矮，然后我同学就一直一个劲儿地在那儿说：本来我还想要请你去杭州乐园的，但要一米四以上的才能去哦。

·我的一个同学摔倒了，有个同学踢了他一下，然后还有个同学打了他一拳。真是落井下石啊。

·我有一个同学摔倒了，没有人扶他，有些人还上去踹了他一脚。

第二步：案例分析。

1. 第一个例子：你在学校表现不好，被老师批评了，觉得很委屈，回来后向爸妈哭诉，结果又被爸妈批评了一顿。爸妈是落井下石吗？

·应该算吧？

·应该算，算心理伤害。自尊心强的人会受伤，从而影响后面的学习之路。

·不应该算吧？你若犯错了，爸妈批评你是应该的。如果不批评你，你的坏习惯就改不掉了，怎么办呢？

·老师已经批评过一次了，知道自己错了。爸爸妈妈就不要再批评了。

2. 第二个例子：话说你们班上著名的"睡神"小明同学，上课睡着了。老师看到他睡觉打呼噜，怕影响别人，于是点名叫他起来回答问题。小明同学睡眼蒙，眬当然没法回答，同学们哄堂大笑。请问同学们这是落井下石吗？

·算，同学们不应该嘲笑他。（4 人）

·这不算啊，反正笑过之后下课他们又和好如初啊，这算啥。

·不算。因为他自己不认真听讲。（3 人）

·有可能算，有可能不算。（算、不算、可算可不算，大家穷尽了可能性）

3. 第三个例子：小华同学欺负了小红，小红哭着向老师告状，说小华欺负他

了。这时候站在旁边的小白也向老师告状，说上一次小华也欺负他了。请问，小白是落井下石吗？

·算。因为小白是乘机告状，没有及时反馈。这就是落井下石。（1 人）

·不算。因为小华有错。（其他人认为）

4. 第四个例子：妈妈下班回家以后还要做饭，很是辛苦，很是疲劳。吃完饭以后，女儿小王体谅妈妈，想帮妈妈收拾餐桌。于是就端剩菜剩饭到厨房里面去，结果在端的时候不小心把剩菜打翻在地，妈妈只好过来拖地，小王的做法反而增加了妈妈的工作量。请问，小王是落井下石吗？

·不算。不是故意的。因为心里是想帮妈妈的，只不过是不小心而已。

5. 最后一个例子：周五放学了，语文老师说，你们这个周末好像时间比较长啊，给你们布置一点作业吧，包括写一篇作文。语文老师刚走呢，数学老师出现了。他说，反正语文老师布置作业了，那公平起见，我也给你们布置一些作业吧。请问，数学老师是不是落井下石？

·绝对不算。

（引导者）我们来总结一下落井下石。

一种情况是要考虑"落井"的人有没有错，比如说小华那件事情，他打过人呀，被打的人告状，还算落井下石吗？二是要看"下石"的人，他们是不是出于好意。比如爸妈，比如想帮忙的小王。我们要从这两个维度综合判断，才能得出一个结论，是否是落井下石。

你摔倒在地，别人不扶你，还踹你一脚，那绝对是落井下石。也就是说你自己没错，但对方有错，这就是落井下石。

你摔倒了，别人跑来扶你，结果不小心踩到你的手上去了，那你很难说他是落井下石，因为他的出发点是好的。也就是说你自己没错，对方出发点是好的，这不能算落井下石。

还有一种情况比较复杂。你在学校里面挨批评了，因为你做错了事，从这个角度来说，你这个落井的人，是做错了的。爸妈回来再批评你，从出发点上来说，他们肯定是好的，好像不算落井下石。但问题是，爸妈的批评会让你很难受，感觉再次受到伤害，从这个角度来说呢，我们有时候可能会认为爸妈是落井下石的。

　　这怎么办呢？一方面我们要提醒爸妈不要在这个时候批评我们，要包容我们。另一个方面，你自己也要想开点，爸妈是在为你好啊。

　　第三步：交什么样的朋友。

　　1. 你和同学的关系都一样吗？有没有成为你朋友的同学？有没有关系特别好的同学？什么样的同学你愿意成为他的朋友？

　　· 根据直觉来交朋友。

　　· 性格一样。

　　· 阳光外向。

　　· 有优点值得自己学习。

　　· 讲文明。

　　· 学习成绩好的。

　　· 爱干净。

　　· 乐于助人。

　　· 品德好。

　　· 说真话。

　　· 优点多缺点少。

　　· 自己先成为一个优秀的人。

　　2. 你一般是如何维持你们之间的友谊的？

　　· 不吵架。

　　· 不骂他。

· 不落井下石。

· 不随便发脾气。

· 多礼让。

· 及时和好。

· 帮助他。

· 做了坏事也不管他（有同学反对，认为不管是不对的）。

3. 你觉得什么样的朋友不能交？

· 脾气暴躁。

· 说脏话。

· 抢劫犯、违法者。

· 喜欢打架。

· 喜欢闹脾气。

· 撒谎。

· 粗鲁，挖鼻孔。

· 品德差。

· 做坏事。

· 不礼貌。

· 不爱干净。

4. 针对上面这些，你觉得哪些毛病他身上有还可以跟他交朋友，哪些毛病有了以后绝对不和他交朋友？

还可以交的是：

· 爱挖鼻孔的那种还是可以容忍。

· 成绩不好可以容忍。

· 不爱干净可以忍耐一下。

·脾气暴躁我还可以交，其他的我绝对不会交。

·不礼貌的应该也可以交。

绝对不能交的是：

·抢劫犯和违法者是绝对不行的。

·脾气不好不行，有可能成为罪犯、违法者。

·打架的、撒谎的不能交。

·说脏话的不能交。

（引导者）总结一下：有小毛病问题不大，但品德不行绝对不能交。

交朋友时，一方面我们要宽容，一方面我们也要有原则。一方面要学习对方好的方面，一方面也要防止被对方带坏。

第四步：如何与朋友相处。

1. 第一种情况：考试的时候，你的朋友没有橡皮擦或者涂改液，向你借，你会借给他吗？

·会。

·会，但老师不同意就没有办法。

·同桌的可以，有点远的话就需要传，老师可能就会以为我们在说话。

·会。下次他也可能借给你。

2. 第二种情况：考试的时候，你的朋友不会做这个题目，但是你会做，他希望你告诉他答案，你会告诉他吗？

·不会。这是害他，不是帮助他。

·不行，这是作弊，我也会受处罚的。

·心里上不会，但是嘴巴上说老师不同意。因为如果我直接说不给他的话，就会破坏友谊。

·我觉得有时得看场合。如果你转头给他，就会被扣分的话，是不能给的。

如果你有一种办法可以拿给他——比如不用转头可以直接用手给他，不会被发现的话，可以给他。如果你和他坐的距离很远的话，那就没办法了。还有一种就是，没有监考老师在的话，你可以转头就给他。（二年级）

3.第三种情况：你和你朋友值日，打扫卫生时，你的朋友不小心把你们班一个同学的课本弄脏了。你朋友告诉你：你明天不要告诉这位同学是我弄脏的，否则他会要我赔的。请问，你会替你的朋友保密吗？

·我应该选择中立吧，因为他毕竟是我朋友。但是，不告诉的话，那个同学他怎么写作业？会被老师批评的。

·当然会告诉那个同学。不过，我会告诉这位同学，不要告诉我的朋友是我说的，不然朋友会生我的气的。然后让这位同学自己来解决这个问题。

·要是不告诉那个同学，我感觉我和我的朋友狼狈为奸。如果告诉了同学又会影响友情。我认为，我想不出来。

·还有一种方法，就是帮那个同学修好作业本。

·会告诉，因为要诚实。

·我会告诉那位同学的，因为朋友把他的课本弄脏了，他怎么写作业呢？

4.第四种情况：你朋友私下和你说另一个同学的坏话，你会怎么处理：继续听？还是告诉你朋友"背后说别人坏话是不好的，我不听"？

·我会跟他说，背后说别人坏话是不好的。（大部分人这么说）

·我会继续听下去，因为尊重他嘛。

·我会说，你背后说别人坏话是很不好的行为，要是你还是不听，我就告诉老师了。（二年级）

·悄悄地带他去一个地方，然后跟他说："在背后说别人坏话不好，下次最好不要说。"（二年级）

·我会听完朋友的话，然后呢，我会告诉他，说那个同学也是有优点的。

（四年级）

（引导者）四个问题中第一个问题和第二个问题是比较清晰的，第一个问题是你会借橡皮擦给朋友。第二个问题，你不会告诉答案，因为是在作弊。第三个问题和第四个问题，稍微复杂一点：你是否会为你的朋友保密呢？你是否会和朋友一起分享他说别人坏话的秘密呢？

我们在学校会和同学们相处，你的同学中，和你有缘分的，成为朋友；和你缘分很深的，成为好朋友。

我们交朋友要有自己的原则，要知道哪些朋友可以交，哪些朋友少交，哪些朋友绝对不能交。刚才我们也分享了一下。

和朋友相处的时候，我们要有共同的语言，要互相分享一些小秘密。但是我们不能在一起干坏事，不能做违背道德、违背法纪的事情，这是朋友之间的相处之道。

看到别人落难的时候、受挫折的时候，我们会伸出友谊的小手，而不是落井下石。我们能够去体会别人的情绪，体会别人的心情，去包容他，而不是踩上一脚。

最后呢，用我们老祖先的智慧来总结一下。孔子在《论语》中提到：益者三友，损者三友。友直，友谅，友多闻，益矣。友便辟，友善柔，友便佞，损矣。

第五步：总结。

总结一下，今天晚上，同学们印象最深的是什么？

·别人受到了挫折，千万不要落井下石。

·不能落井下石，要多帮助别人。

·别人有困难的时候你不能落井下石，你要去帮助他。

·交朋友也要看朋友是怎么样的人。

·朋友要交好的，不要交坏的。

·不要向别人落井下石，而是满怀善心地去帮助别人。

（引导者）我们怎么做呢？第一点，要修炼自己，成为一个优秀的人，成为一个值得做别人朋友的人。第二点，我们去和那些优秀的人做朋友。第三点，无论是朋友还是别人"落井"的时候，我们不要"下石"。如果是朋友的话，还要考虑到伸出援助之手。不过呢，你也要思考一下，在什么情况下是不能帮的，或者说帮到什么程度。

第13章 《三令五申》引导设计

【成语故事】

春秋时期，有个伟大的兵法家孙武，吴王阖闾看过他所写的《孙子兵法》后，十分佩服他的才学，便将他召入宫来。

吴王问孙武说："你可以训练一批妇人，让我见识你的兵法吗？""可以。"孙武很有把握地回答。于是，吴王挑选了180位宫女，请孙武指挥训练。

孙武把宫女分为两队，由吴王最宠爱的两位妃子分别担任队长，发给她们戟，然后把一些军事的基本动作教给她们，并告诫她们军令如山，千万不可违背。交代过后，孙武就命人搬出杀人的刑具斧钺来，然后再申刚才的命令。

于是孙武命人击鼓，自己发号施令。不料孙武开始发令时，宫女们觉得很好玩，一个个捧腹大笑，根本不理会他。

孙武看到这情形，自责道："是我这个指挥官没有把话说清楚。"便又将演练的动作更详尽地向她们解释说明一番，然后再度击鼓发出命令。宫女们又笑成了一团。这回孙武严肃地说："军令解释不明、交代不清是指挥官的错误；现在我已三令五申，而你们却仍然不听从，这就是队长的责任了。"说完，就下令把两位队长推出去斩首。

吴王听了，大吃一惊，连忙向他求情："我已经知道将军会用兵了，这两个人都是我的宠姬，要是她们死了，我会连饭都吃不下的，请释放她们吧！"

孙武却回答说:"大王命令我为统帅,在军中统帅的权威最高,即使是王命,也可以不听从!"结果还是把两位队长给杀了。

宫女们见他说到做到,个个都吓得花容失色,当孙武第三次发号施令时,所有的宫女都遵守孙武的命令,认真地操练,不敢再开玩笑了。而孙武用兵的才能终于获得吴王的认同,吴王拜孙武为将,后来攻破楚国,威慑齐国,成为一代霸主。

【引导设计】

本文引导设计步骤如下:

第一步:理解成语。

1.“三令五申”的近义词和反义词是什么?

2.从“孙武练兵”这个故事中你学到了什么?

第二步:练兵。

1.吴王为什么让孙武训练宫中妇人,而不让他训练自己的士兵?

2.孙武为什么要让吴王最宠爱的妃子担任队长?

3.宫女们为什么一开始不听指令?

4.宫女不听指令,为什么孙武认为是自己没有讲清楚?他真的没有讲清楚吗?

第三步:斩将。

1.第二次,孙武为什么斩杀队长?

2.你有没有做过组长、班长?如果你小组的人犯了错误,你有没有责任?你为小组的人承担过责任吗?

3.在家庭中,我们作为孩子,需要承担哪些责任?爸爸需要承担什么责任?妈妈、爷爷奶奶、姥姥姥爷呢?

第四步：求情。

1．孙武说：即使是王命，也可以不听从，你认为他说得对吗？

2．吴王为什么要替爱妃求情？如果孙武接受了吴王的求情，可能会发生什么？

3．你有没有这种情况：你违背了和爸妈的约定，爸妈惩罚你的时候，爷爷奶奶出面求情？如果有，这时候你希望爸妈"放你一马"吗？如果爸妈不再追究你违约的责任，后果将是什么？

4．吴王有没有方法挽救自己的爱妃？

5．吴王最终没有为了挽救爱妃而解除孙武的兵权，这说明了什么？

6．你觉得吴王是个什么样的人？

第五步：纪律。

1．宫女们为什么后来都认真操练了？

2．孙武的才能是如何得到吴王认可的？

3．我们如何加强自律？

4．平日里，家长或者老师对你三令五申的事情有哪些？请举例。

5．家长或者老师对你三令五申的事情，哪些你严格执行了？哪些你没有执行？为什么？

【实际操作】

时间：2018 年 4 月 7 日、14 日。

地点：网络。

人物：4 位 3 年级、2 位 4 年级、1 位 7 年级学生。

这个成语故事，分两次引导才完成，其间隔了一个星期。

具体操作步骤如下：

第一步：第一次引导。

1. 从"孙武练兵"这个故事中你学到了什么？

· 做一些事要有主见，如果没做到，就要惩罚。

· 军令如山，不能违背。

· 做什么事情都要遵守规则。

2. 从吴王身上学到了什么？从孙武身上学到了什么？从爱妃身上学到了什么？

从吴王身上学习到：

· 知错就改。

· 吴王很聪明，用爱妃去考验孙武。

从孙武身上学习到：

· 手下人如果违规的话，那也要处罚。

· 遇到事情要负责，但如果是无关紧要的事情，就不用。

· 要说到做到。

· 该怎么样就得怎么样。

从爱妃身上学习到：

· 不能在所有时候都嘻嘻哈哈，要分清事情的大小。

3. 吴王为什么让孙武训练宫中妇人，而不让他训练自己的士兵？

· 男人很能打，女人不能打，所以要训练女兵。

· 吴王想考验孙武练兵的严肃性和谨慎性。

· 训练士兵和训练宫女是不一样的，后者更难，这样更能考验孙武。

· 想见识孙武的厉害。

· 因为士兵本来就会打仗，女人本来就不适合打仗，如果他把女人训练得能打仗，说明他很有能力。吴王是在考验他。

· 刚开始吴王还不重视孙武。

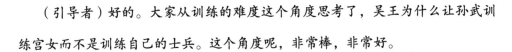

（引导者）好的。大家从训练的难度这个角度思考了，吴王为什么让孙武训练宫女而不是训练自己的士兵。这个角度呢，非常棒，非常好。

另外，可能吴王不是很信任孙武，就是怕他把自己的士兵带坏了。从这个角度来看，吴王还是很谨慎的人。虽然《孙子兵法》写得很好，但还是要考验他一下。以后你们不仅要看别人怎么说，还要看他怎么做。我们叫：听其言观其行。

4. 孙武为什么要让吴王最宠爱的妃子担任队长？

· 妃子的地位比较高。

· 吴王很喜欢妃子，就想让妃子当第二大。

· 孙武想让妃子发挥好带头作用。

· 是吴王最喜爱的人。

· 平时吴王带军打仗，可能爱妃也会懂一点点，就让她当队长。

（引导者）首先是遵守既定的规则。妃子的位置最高，让她做队长，名正言顺。第二，吴王喜欢妃子，让妃子做领导，可以讨好吴王。第三，妃子有影响力，可以去管其他宫女。第四，孙武想：如果不行的话，还可以杀鸡给猴看。

5. 宫女们为什么一开始不听指令？

· 宫女之前没有体验过，以为这次是个玩笑。

· 也可能没听清楚孙武说什么。

· 她们觉得训练就和玩游戏是一样的。

· 宫女们不是很信任孙武。

（引导者）好的。大家总结了几点：第一，可能是不信任孙武，所以就不听：你是谁呀？为什么要听你的呀？比如，有的小朋友可能听爸爸妈妈的话，但是不听爷爷奶奶的，或者听爷爷的但不听奶奶的。有没有哪个小朋友是这样的？第二，她们以为是在做游戏，是在玩，以为孙武是吴王请来娱乐吴王的，所以他们不听。第三，也可能是孙武没有讲清楚。第四，也可能是没有理解孙

武的指令。第五，也可能是不认同，我不接受你的指令，于是用嘻嘻哈哈的方式反抗孙武。

深入分析，原来是因为宫女们那时还没有完成角色的转变。她们还是把自己当宫女，没有把自己当作士兵。她们没有认识到情况发生了变化，她们的角色也发生了变化。

这个地方请大家注意，这是非常关键的一点。当情况发生变化，我们的角色就有可能发生变化。比如说，在老师面前你是学生；在小组里面，你可能是组长了；走到学校外面，在社会上你是公民；回家以后你又是孩子。我们扮演了很多角色，所以一定要知道别人对这个角色是怎么预期的。

这句话有点深奥，我解释一下。每一个角色，别人对他都是有期望的。如果你的行为不符合这个期望，别人就会觉得吃惊。比如说，我们认为学生应该是读书，而不是去赚钱。如果一个小学生在学校里面做生意的话，别人会觉得很奇怪，因为他做生意的行为不符合大家对学生这个角色的预期。

6. 作为一个学生，他的主要任务是什么？或者说，社会对学生这个角色的期望是什么？

· 读书、写作业。

· 好好学习。

· 学而时习之，不亦说乎。

· 学习，成为班长、委员。

· 我把学习当作一个任务，我必须得学习：黑发不知勤学早，白首方悔读书迟。现在如果不读书，以后老了再学习就迟了。

· 学生是"学"和"生"。"学"就是学习，"生"就是人要活下去。

7. 学生放学回家，除了"学生"，还有什么角色？

· 小孩。

· 花钱的小孩。

· 爸爸妈妈的小帮手。

· 公民。

（引导者）好的。小朋友回到家以后呢，就是爸爸妈妈的孩子，有了一个角色：我们是家庭的成员。所以呢，我们要做一些力所能及的事情，承担一些家务上的事情。比如说，收拾好自己的房间，管理好自己的个人生活，帮爸爸妈妈把垃圾扔到楼下呀之类的。作为家庭的一员，要承担相应的责任。

8. 宫女不听指令，为什么孙武认为是自己没有讲清楚？他真的没有讲清楚吗？

· 也许他自己意识到了他自己没有讲清楚，宫女们就听不懂他的话呀。本来，宫女们就没有想听他的话。

· 讲得很清楚了，只是再给她们一个机会。

· 可能讲得不是很详细。

（引导者）有几个原因，一种可能性是大家都说到的，可能他说清楚了，但给你个台阶，说我没有说清楚。这是第一种可能性。第二种可能性是，宫女们从来没有做过士兵，对规则的理解可能不到位，或者可能忘了。所以他再讲一遍，给对方加深印象。

有的时候，别人没有理解你，可能真的是不理解你。但我们可以委婉地说：可能是我没有说清楚，而不是说你没有听明白。说"你没有听明白"，对方可能不爽，说"我没有说清楚"，对方心里会容易接受一些。

9. 第二次，孙武为什么斩杀队长？

· 队长是带头人。

· 队长要做榜样。

· 杀鸡给猴看，威胁那些宫女——我的话已经说得很清楚了，如果你们还听

不清楚的话，我也会把你们斩杀了。

·这个和我们有点像。我们犯错误的时候基本上都是大队长或者什么委员去替我们顶罪。

·如果不斩杀，宫女们可能会继续闹下去；斩杀的话，宫女们就会执行命令。

·已经三令五申，还不听，就是队长的责任。

10. 大家有没有在学校里面担任过组长、大队长、班长，或者各种委员的？你觉得这个职务、角色，是权利还是义务？如果是权利的话，体现在什么地方？如果是义务的话又体现在什么地方？你觉得是权利多一点还是义务多一点呢？

·义务多一点。

·比如组长是收作业本，而不是管别人；即使是管别人，也是义务，因为这是为班集体服务。

（引导者）好的，我总结一下。这个角色、职务，首先是对你能力的肯定，或者说你要做好这些角色，你必须拥有这种能力。这是第一个。第二，也是责任或者义务。你在这个位置上就要承担相应的责任，就要把你的事情想办法做好。第三，是权利。在你的业务范围内，你是有指挥权的。比如说纪律委员，你有权利登记那些违纪的现象。

这叫责、权、利对等。正如《蜘蛛侠》里面有一句话说的那样："能力越大，责任越大。"

11. 你们觉得这两位队长死得冤不冤？

·冤。

·不冤。如果她们遵守法令的话，就不会被杀。

·也可能是冤枉的，因为是第一次接触兵法，不知道具体情况，所以才乱打乱闹。

·不冤，是因为她们没有做好。

·不冤，因为是她们没有听孙武的指令。

（引导者）好的，我解释一下。军人面对的事情是很危险的，责任很重，所以纪律要求比较高，会出现这种情况：不执行命令，生命就没有了。

不过，我们在日常的生活中，不执行命令的代价没有那么高，一般不会付出生命。

12. 平日里，家长对你三令五申的事情有哪些？请举例。家长对你三令五申的事情中，哪些你严格执行了？哪些你没有执行？为什么？

·让我坐姿好，但我总是过一会儿就不行了。

·我老是把手指头放到嘴巴里面。

·坐姿要端正，作业本要摆好。作业本保持整洁，上课举手五次。

·要我做作业的效率、速度都提高。

·每天必须看书半小时，因为书籍是人类进步的阶梯。还有，为中华之崛起而读书嘛。

·每天在语文课上举三次手。

·老师对我们说上下楼梯一定要靠右行，每天都要戴红领巾，不然的话就会被扣分。

（引导者）好的。大家发现没有，家长或者老师三令五申的东西，都不是什么特别大的事情，都是日常的一些小的事情。这就是中国儒家经常强调的一点，我们叫"修身"，方法是从小的事情上入手养成一些好的习惯。这些习惯一旦养成，你就不用再想这件事情了，也就不累了。这些习惯的养成能够帮助你更好地生活，让你的生活变得更加井井有条。

13. 今晚的收获和后续的行动。

·我今晚学到了：遇到了什么事情，要根据事情的不同而改变你对事情的看法。我打算以后养成每天读书半小时的良好习惯。

·说到做到，不能违背。

·以后爸爸妈妈和老师三令五申的事，最好都执行。

·说过的话，要说到做到。

·干什么事情都要遵守规则。

·没有做到说到的事，就得接受惩罚。

·每天要看一个小时的书，每天上数学课、语文课的时候，发言要到五次。

第二步：第二次引导。

1.我们上一次学三令五申的时候，重点谈了这个角色职责，大家还记得那句话吗？能力越大，什么越大？

·责任越大。

2.上次我们也谈到了两个角色，一个是作为学生的角色，一个是作为家人的角色，我们也数了一下学生的角色是做什么，家人的角色是做什么。上次读书会之后在家庭角色这一块，大家有没有做一些事情啊？有没有做一些改变呢？

·扫地。

·偶尔做饭。

·自己洗衣服。

·丢垃圾。

（引导者）作为家庭里的成员，要承担一些事情，包括把自己的屋子收拾干净，继续坚持好的习惯。

3.吴王和孙武谁的权力大？

·吴王的权力大。

·孙武的权力大。

（引导者）孙武是吴王邀请过来的，所以在吴国是吴王的权力大。刚才有同学说孙武的权力大，那是指在练兵的时候。

4. 当这个吴王向孙武求情的时候，孙武说："即使是王命，也可以不听从。"你认为孙武说得对吗？为什么？

·孙武说的是对的，因为他说，即使是王命也可违背的话，也就是说，他已经反复讲了，而且讲得很详细很详细了，人家也不愿意听，就只能怪她们了。

·我认为孙武说得不对，因为吴王的命令就像老师的命令一样，不能违反。

·对，因为宫女们犯了错就得要承担后果。

5. 注意，这是两个问题。孙武可以杀队长，因为队长犯了错。但我问的不是孙武能不能杀队长，而是问孙武可不可以不听吴王的。

·我觉得他说得对，因为吴王对他说，他操练兵的时候他的权力最高，即使他不听从也是可以的。

·可以不听吴王的。

6. 吴王比孙武大，那孙武应该听吴王的，但现在为什么孙武又说可以不听吴王的呢？

·因为是吴王请孙武来的，如果孙武一生气，不操练了，那吴王就没有办法操练了，最后就是没有办法操练兵马了。

·因为吴王许下一个承诺，承诺就是他在军中统帅的权威最高，即使是王命也可以不听从。

·因为孙武在军中统帅是最高的，所让他可以不听吴王的。

（引导者）吴王把孙武邀请过来，吴王比孙武权力大。邀请孙武过来干吗呢，练兵。怎么练呢，完全由孙武说了算。所以在练兵这个权限范围内孙武完全可以说了算，可以不听吴王的。还记得我们上次讲的那个角色吗？在不同的情况下大家的角色是不一样的，在练兵这件事情上那孙武就是老大。其他场所那吴王就是老大。这也反映了一种契约精神：我们两个约定了，那就要按照约定好的去做。

7. 吴王为什么要替自己的爱妃求情呢？

·因为她们两个是吴王的爱妃，很受吴王的喜欢，所以很不想被孙武杀了。

·吴王很爱爱妃，如果爱妃死了，他会连饭都吃不下。

·因为吴王对她们有感情。

8. 请大家再想一想吴王为什么要求情？

·因为爱妃是每天陪着吴王的，但是如果爱妃死了没人陪吴王了，吴王就很伤心了。

·可能只是要孙武练兵，而不是要孙武真正地去操控这些妇女。

·因为吴王是让他操练女兵，这是在考验他。如果不把两个队长杀了的话，那么其他宫女还是不会听孙武的命令，证明孙武没有这个能力。然后吴王就会把他杀了，所以说孙武一定得杀她们，就是说孙武顺着这个东西，找了一个借口。

（引导者）第一点是喜欢妃子；第二点，毕竟这不是真正的上战场；第三点吴王除了想要考验孙武之外，吴王求情还有其他可能性：其一，他是站在自己的角度考虑问题，他没有考虑到孙武的情况。这说明，有的人做事情啊，只是为自己方便，不照顾到对方的情感、对方的利益、对方的诉求。这种情况吴王只考虑到自己的感受，没有考虑到孙武的任务。其二，他求情实际上也是做给其他宫女看的，你看孙武要杀我的爱妃，我要求情，说明我是一个讲感情的人，这样以后宫女会对自己好一点。

9. 做一个设想啊，你就是爱妃，孙武就是爸爸妈妈，吴王就是爷爷奶奶。你违背了承诺，你爸爸妈妈要处罚你，但是你爷爷奶奶出来求情，护着你不让你爸爸妈妈惩罚你。这种情况出现过吗？

·出现过。

·出现过很多次。

10. 你希望爸爸妈妈"放你一马"吗？

·有时会，有时不会。

·希望。

11. 为什么希望爸爸妈妈"放你一马"？

·如果是我犯了很大的错误，而且是我不应该犯的错误，我希望爸爸不要放我一马；但如果是我不小心犯的错误，那我希望爸爸能放我一马。

·这样的话我就不会受惩罚了。

·因为爸爸妈妈骂我打我，我觉得很疼。

·不管怎么做，爸爸妈妈都不会放我一马，都会把我打一顿的。

12. 如果爸妈不再追究你违约的责任，可能的后果是什么？

·继续犯错。

·让我们不知道犯错的根本原因是什么，下次还会犯这种错误。

·养成了坏习惯。

·会让我们以为爸爸妈妈不会打我们，不会骂我们，不会惩罚我们，以后我们可能会犯更大的错误。

·以退为进，爸爸妈妈放我一马后我要更加努力学习。

13. 如果孙武当时接受了吴王的请求没有去斩杀那个爱妃的话，他的训练计划会有什么影响吗？

·应该会有。

·会，其他宫女会继续笑孙武。

·会导致那些爱妃继续不听孙武的指令。

（引导者）确实有这个可能性啊。孙武坚决斩杀爱妃，就让宫女们明白了不听指令的严重后果。这样的话，她们就会听从指令，积极地投入到训练中去。惩罚不是目的，而是为了让你吸取教训，以后变得更好。

14. 队长甚得吴王宠爱，最后还是惨死，你们有什么感受？恃宠而骄会有什么后果？

·会知道人外有人，天外有天。

·如果我是吴王就会感到很伤心。

·会知道应该要听命令。

·恃宠而骄会有被打被骂被杀的后果，也会惹人生气。

（引导者）这两个爱妃在吴王面前怎么做都没有问题，因为她们和吴王在一起的时间很长，他们之间是有情感的。当对方喜欢你、爱你的时候，好像你做什么问题都不大。

爱妃和孙武是没有情感的，他们也没有生活在一起，爱妃和孙武的关系是上司和下属的关系，是没有情感的。没有情感的时候就要遵守规则。

有的时候我们不遵守规则对方没有惩罚我们，是因为我们和对方有情感。但问题是你如果总是不遵守规则的话，情感会受伤害的。伤害积累到一定程度以后，那么严重的后果就会出现，这就是恃宠而骄。

人和人之间的感情，是互相尊重、互相关心而建立起来的。爸爸妈妈关心你，你关心爸爸妈妈，你们就有情感。爸爸妈妈关心你，你不关心爸爸妈妈，那么这个情感就会薄一些。你如果不尊重爸爸妈妈，你们的情感就会受伤害。作为小朋友的话，可能帮不到爸爸妈妈多少，所以我们要更多地去爱爸爸妈妈，去尊重爸爸妈妈。

15. 吴王有没有方法挽救自己的爱妃？

·是有，就是一条，那就是直接不要孙武操练就可以了，但这样的话就没有女兵了。

·有，威胁孙武，说不饶了爱妃的话就把他斩了。

·我觉得吴王应该没办法挽救自己的爱妃。他许下了诺言，如果要救爱妃的话，就只能杀了孙武。但如果他杀了孙武，传到外面，肯定会有人不信服他。

·应该没有方法了吧。

（引导者）好的。咱们不能打打杀杀啊，吴王确实可以把孙武给杀掉，但我们不用这种方法，吴王还是有方法来挽救自己爱妃的。孙武凭什么杀爱妃呢？他凭的是身份！吴王也可以凭身份来解决这个问题：你孙武是我的练兵主管，你是我请来练兵的，在练兵中所有的事情都你说了算。我可以解除你的职务，我不请你练兵了，这样的话，你就没有练兵主管这个身份了，那么你就不能杀爱妃了。

16. 吴王最终没有为了挽救爱妃而解除孙武的兵权，这说明了什么？

·意味着吴王一直没有办法。

·他遵守承诺。

·说明他那个时候脑子里一团糟，想不出办法来。

17. 咱们站在吴王的角度去思考一下，吴王为什么请孙武来练兵，他一开始的目的是什么？

·增强自己的兵力，打败其他国家。

·要考验孙武有没有这个能力。

·想见识见识他的厉害。

·目的是想练出兵来，让自己的兵更强大。

（引导者）对呀，我们现在就可以把吴王的行为进行一个全面的解释。他不是当时脑子蒙了想不出办法，还有可能是虽然喜欢自己的爱妃，但还是要达成自己的目标。你们认同这个说法吗？

·认同。

18. 孙武练兵的时候，特别强调什么？是方法，还是纪律？

·纪律。

·军令如山，千万不可以违背。

·告诫他们军令如山，千万不可违背，应该是纪律。

（引导者）是的，军令如山，孙武特别强调纪律。纪律是他做好事情的基础，

但不是全部。光讲纪律肯定也不行，但是没有纪律是什么都不行的。不仅打仗要求纪律，在很多方面我们都是要求纪律的，比如说上课的时候也有纪律。西方的心理学家做过研究，想知道决定人的发展的最关键的要素是什么，结果发现前面的两个：一个叫纪律，一个叫自律。实际上这两个也是有关系的啊，纪律是基础，自律非常重要。

19. 如何加强自律呢？

· 只做题，其他什么都不想。

· 自己控制好自己。

· 定一个小目标，完成了奖励，没完成的话处罚。

· 表现好作业不增加，表现不好的话直接增加，这就是三年级作业，只有加不能减。

· 父母让我们先养成这个习惯。

· 遵守纪律，上课不走神，认真听讲，考试圈关键词看考点。

· 上课不做小动作。

（引导者）可以从两个角度加强自律，一个是内部角度，一个是外部角度。所谓的内部角度是指自己决定做什么，外部的角度是别人要求我们做什么。

以看电视为例，假设你想看电视，但又觉得不应该看，怎么办？第一，自己的角度，控制自己不去看电视，告诉自己：看电视没用，必须先把作业做完。第二，外部的角度。比如说让爸妈监督你，如果你看电视的话，让爸妈把电视关掉，强迫你过来学习。还可以通过环境来控制，比如说你家没有电视机，或者说你家电视没有续费，或者说爸妈把遥控器拿走了，这是环境的角度。

20. 请总结一下今天的收获？

·如何自律，自律有哪些方法。

·要像孙武一样，要负责任。

·应该听的就听，不应该听的就不听。

·纪律是基础，自律很重要。

第14章 《一诺千金》引导设计

【成语故事】

秦末汉初，有一个叫季布的人，性情耿直并且十分讲信用。凡答应了别人的事，无论有多么困难，他都要设法克服，替人办好，因此他在他的家乡楚国非常有名气，受到很多人的赞赏。

当他在项羽部下带兵时，屡次将汉高祖刘邦打败，后来刘邦当了皇帝，为了出这口恶气，就悬赏千金缉拿他。但由于汝阴侯滕公（夏侯婴）的规劝，刘邦撤销了对他的通缉令，并封他做郎中，文帝时又改任河东郡守。

当时有个楚人叫曹丘生，他是季布的同乡，专门喜欢结交权贵，借以夸耀自己。他听说季布当了大官，便请求季布的好友窦长君写了封信，介绍他去见季布。季布向来看不起曹丘生的为人，一见到他，便露出厌恶的神情。而曹丘生对季布作了个揖，说道："楚国有句俗话说：'得黄金百斤，不如得季布一诺。'因为我们是同乡，所以我到处宣扬您的名声，而您为什么这般瞧不起我呢？"季布因为曹丘生说得委婉动听，觉得很高兴，便殷勤地接待了他。

由于曹丘生的宣扬，季布也就更有名了。而季布重视诺言，"一诺千金"便成为千古的美谈了。

【引导设计】

本文引导设计步骤如下：

第一步：理解。

1. 一诺千金是什么意思？

2. 一诺千金的近义词和反义词。

3. 一诺千金这个故事发生在哪个年代？

4. 文中季布一诺千金的形象得到了哪些人的支持或者帮助？

5. 刘邦为什么重用季布？至少列举三个理由。

第二步：承诺。

1. 什么是承诺？举两个例子。

2. 你有没有违背过承诺？如果有，请说明原因。

3. 举一个你近期遵守承诺的例子。

4. 接下来我给大家一个案例，大家看一看在你们的身上是不是也发生过类似的事情。

第三步：案例。

你答应小朋友送一架超级贵的玩具飞机给他，但是后来妈妈没有同意。于是，你就无法给小朋友这个玩具飞机，小朋友很生气，再也不与你玩了。

大家想一想，你为什么没有遵守自己的诺言？

①如果你是案例中的小朋友，你会怎么想？

②对方没有得到玩具飞机，会不会不开心？

【实际操作】

时间：2018 年 4 月 9 日。

地点：网络。

人物：4 位 3 年级，2 位 2 年级同学。

操作过程中引导者提出的问题及孩子们的回答如下：

1. 一诺千金的意思是？

·就是说话算话。

·答应的事情就一定要做到。

·言而有信，说一不二。

·答应别人的事，不管有多困难，都要办到。

（引导者：刘彦君）一诺千金就是指许下的诺言有千金的价值。形容一个人说话非常算话，言出必行，答应别人的事情就一定会办到。

2.一诺千金的近义词？

·说到做到、一言九鼎、驷马难追、说一不二、言而有信、言出必行。

3.一诺千金的反义词？

·出尔反尔、轻诺寡信、言而无信。

（引导者）补充几个反义词：背信弃义、信口开河、空头支票。

大家在写作文、聊天的时候，尽量去运用这些成语。

4.一诺千金这个故事发生在哪个年代？

·秦末汉初。

5.这篇文章的主人公是谁？

·季布。

（引导者）这篇文章讲的是谁的故事呢？三位小朋友都找到了答案，恭喜你们回答正确，你们看书看得太仔细了。对，讲的就是季布的故事。如果说以后有人问你一诺千金讲的是谁的故事呀，我相信你们每一位小朋友都能够回答出正确的答案。

6.文中季布一诺千金的形象得到了哪些人的支持或者帮助？

·夏侯婴。

·曹丘生。

·刘邦。

（引导者）小朋友们看书确实很仔细，非常认真，把学校老师教给我们的方法都在我们读书当中进行了应用。季布信守承诺的形象，得到了夏侯婴和曹丘生的帮助，或者说是支持。

7. 什么是承诺？举两个例子。

· 一件事说到就要做到。

· 就是信用。

· 答应的事情必须做到。

· 答应别人我要做到的事情，就是承诺。比如说，我答应了妈妈我要做功课，然后我吃完饭就直接去做功课，这就是承诺。

· 说话算话。

8. 你有没有违背过承诺？如果有，请说明原因。

· 我答应妈妈要去写作业，可是我没有好好写作业。

· 妈妈叫我吃完饭就去做作业，结果吃完饭我还在那儿玩，我就是没有遵守承诺。原因是我想多玩一会儿。

· 我答应9点要上床，可是我多玩了一会儿。

（引导者）小朋友们都发现了自己在学习生活当中有哪些地方没有遵守承诺，希望你们以后注意这些地方，争取做一个遵守承诺的人。

9. 举一个你近期遵守承诺的例子。

· 我还在玩的时候，奶奶叫我吃饭，我就过去吃饭了。

· 妈妈叫我起床，我就立马起床。

· 奶奶叫我起床的时候，我也起床。

· 我答应爸爸做奥数，我玩完了就去做奥数。所以我遵守了承诺。

· 我答应妈妈每天练钢琴，我做到了。

（引导者）好的。大家都非常棒，都是遵守承诺的好孩子。希望你们继续坚持。接下来我给大家一个案例，大家看一看在你们的身上是不是也发生过类似的事情。

你答应小朋友送一架超级贵的玩具飞机给他，但是，后来妈妈没有同意。于是，你就无法给小朋友这个玩具飞机，小朋友很生气，再也不与你玩了。

10. 针对这件事，大家想一想：你为什么没有遵守自己的诺言？

·第一个是妈妈不同意；第二个是如果我送给他的话，我会被妈妈骂的。

·他事先没有和妈妈说，结果妈妈不同意，所以就不能守诺言。

·是妈妈不同意。因为妈妈需要出钱买回那个玩具。

·答应的事情必须是自己有能力做的。

·万一很贵怎么办？

11. 如果你是案例中的小朋友，你会怎么想？

·因为我没问妈妈，所以我没法送给别人。

·需要妈妈出钱的礼物送出去要征求妈妈的同意。

12. 对方没有得到飞机，会不会不开心？

·不高兴，因为我答应别人要送他一架小飞机，我没有送，没有遵守承诺。

·我没有送他飞机，所以我很难过。

·会认为我是一个说话不算话的人。

·如果他没有得到飞机，他可能会生气，因为他没有收到飞机。

·他不生气，因为我们是永远待在一起的好朋友，所以他才不会生气。

·不会，没有得到也不会生气。

（引导者）在这个案例中，你为什么没有遵守自己的诺言？第一个原因可能是因为这个飞机太贵了，超出了你的能力范围，你无法买到这个飞机给小朋友。第二个原因是你答应小朋友之前，没有征求妈妈的同意，所以最终你没能把这个飞机送给你的好朋友。

这个案例告诉我们，如果你没有这个能力，就不要轻易地承诺，不然对方会因为期待落空，最终感到伤心难过，小朋友也许就不会再跟你玩儿了。同时呢，这还会毁掉你的信誉，长久下去，大家就会对你失去信任，你便会失去这些好朋友。

13. 刘邦为什么重用季布？至少列举三个理由。

·因为季布说话算话。

·第一，因为夏侯婴劝了刘邦，第二是觉得季布有本事，第三是不乱杀人。

·他多次把刘邦打败，所以他很有本事。第二是夏侯婴劝了刘邦。他答应别人的话就一定做到。

（引导者）我来为大家总结一下刘邦为什么会重用季布。有以下五个可能的原因：

第一是大家提到的，季布能力强，会打仗。第二是他守信用，受人尊敬。第三是他得到了夏侯婴的帮忙，夏侯婴把他推荐给了刘邦。第四是刘邦为了树立自己的仁义形象。第五是季布他在家乡非常的有名气，受到很多人的赞赏，他是一个非常有影响力的人物。

季布的故事告诉我们，即使你是有能力、守信用，你还要有朋友——也就是推荐他的夏侯婴。第二呢，反过来说，正是因为你守信用、有能力，所以朋友也才能够帮助到你。

14. 请大家分享晚上学习的感受和心得。

·要说到做到，不能不讲信用。

·如果我没有说到做到，就会失去别人对我的信任。

（引导者）好的。各位小朋友们，我们今天晚上学习了"一诺千金"。这个成语告诉我们，做人要诚信，答应别人的事情一定要做到。当你做到了一诺千金，就会让更多的人对你有好感，就会赢得别人的尊重与信任，从而才会有更多的人

愿意与你成为朋友，你才能获得更多的机会，即使在你困难的时候也会有人支持和帮助你。这个成语告诉我们要谨慎地做出自己的承诺，一旦自己做出了承诺就要兑现。

第15章 《田忌赛马》引导设计

【成语故事】

齐使者如梁，孙膑以刑徒阴见，说齐使。齐使以为奇，窃载与之齐。齐将田忌善而客待之。忌数与齐诸公子驰逐重射。孙子见其马足不甚相远，马有上、中、下辈。于是孙子谓田忌曰："君弟重射，臣能令君胜。"田忌信然之，与王及诸公子逐射千金。及临质，孙子曰："今以君之下驷与彼上驷，取君上驷与彼中驷，取君中驷与彼下驷。"既驰三辈毕，而田忌一不胜而再胜，卒得王千金。于是忌进孙子于威王。威王问兵法，遂以为师。

【注释】

1. 如：往，到……去。

2. 梁：魏国的都城。

3. 数：屡次，多次。

4. 公子：春秋战国时诸侯不能继承君位的儿子称为公子。

5. 驰逐：驾马车竞逐。

6. 重射：下很大赌注赌输赢。射：打赌。

7. 孙子：这里指的是战国时齐国人孙膑，他是春秋末期著名军事家孙武（著有《孙子兵法》）的后世子孙，生卒年不可考。1972 年，从山东临沂银雀山一座西汉墓葬中发现了失传一千多年的《孙膑兵法》。

8. 马足：指马的足力。

9. 不甚相远：不是相差得很远。

10. 辈：类，这里指马的不同等级。

11. 弟：只管。

12. 然：认为……是正确的；然之，即以之为然的意思。

13. 逐射千金：下千金的赌注赌驾马车比赛的输赢。

14. 及：等到。

15. 临质：将要比赛的时候。质：评判，这里指比赛。

16. 驷：古代驾车，一车四马，同驾一辆车的马叫作驷。

17. 既：已经。这里指三种等级的马驾车比赛结束。

18. 一不胜而再胜：一次没能取胜，但是后两次都取得了胜利。再：两次。

19. 卒：最后。

【译文】

齐国使者到大梁来，孙膑以刑徒的身份秘密拜见，劝说齐国使者。齐国使者觉得此人是个奇人，就偷偷地把他载回齐国。齐国将军田忌非常赏识他，并且待如上宾。田忌经常与齐国众公子赛马，设重金赌注。孙膑发现他们的马脚力都差不多，马分为上、中、下三等，于是对田忌说："您只管下大赌注，我能让您取胜。"田忌相信并答应了他，与齐威王和各位公子用千金来做赌注。比赛即将开始，孙膑说："现在用您的下等马对付他们的上等马，用您的上等马对付他们的中等马，用您的中等马对付他们的下等马。"三场比赛结束后，田忌一场败而两场胜，最终赢得齐威王的千金赌注。因此田忌把孙膑推荐给齐威王。齐威王向他请教了兵法，于是把他当成老师。

【引导设计】

本文引导设计步骤如下：

第一步："齐使者如梁"。

1. 齐国、魏国、梁等地名对应现代省市，分别是哪里？

2. "使者"对应现在的职务是？

3. "如"的意思是？"如家"酒店的两个含义是？

第二步："孙膑以刑徒阴见"。

1. 孙膑是谁？他与孙子的关系是？

2. 孙膑与庞涓的故事？

3. 庞涓为什么要害孙膑？

4. 庞涓为什么不直接杀了孙膑？

5. "以"的意思是什么？

6. "刑徒"的意思？孙膑当时的情况有多惨？

7. "阴"的意思是什么？

8. 为什么要私下见？担心谁知道？

9. 齐使者为什么要冒风险见一个地位卑下的人？

第三步："说齐使"。

1. 孙膑说服齐使，可能的方法是什么？是告状、诉苦？以凄惨寻求同情？还是专业知识？

2. 孙膑如何证明自己值得营救？

第四步：田忌赛马的故事。

1. 带大家读一下故事梗概。

2. 赛马，赛的是马，还是马车？

3. 君王举行赛马的目的是什么？

4. 为什么要把马分三等？

5. 比赛之前为什么没有验马的环节？

6. 田忌为什么要收留孙膑?

7. 田忌为什么会听从孙膑的建议?

第五步:田忌赛马的精神。

1. 如何评价孙膑的做法?

2. 孙膑这样做的目的是什么?

3. 孙膑这样做的不良后果是什么?

第六步:"遂以为师"。

1. "以为"的意思是什么?

2. "师"的意思是什么?

3. 齐王以刑徒为国师,说明了什么?

4. 孙膑从开始时的刑徒到最后成为大国国师,说明了什么?

第七步:总结。

1. 你从这个成语故事中学到了什么?

2. 你从孙膑身上学到了什么?

3. 你从田忌身上学到了什么?

4. 你从庞涓身上学到了什么?

5. 你从齐王身上学到了什么?

【实际操作】

时间:2018 年 12 月 2 日上午。

地点:成都。

人物:6 位 3 年级,1 位 4 年级同学。

具体操作步骤如下:

第一步:"齐使者如梁"。

1. 我们先看第一句话:"齐使者如梁",其中的"齐"指的是什么?

·齐国。

2. 齐国是现在的哪个省？

·山东省。

3. "梁"指的是什么？

·魏国的首都大梁。

4. 大梁是现在的哪个城市？

·河南省的开封市。

5. 河南在山东的哪个方向？

·西边。

·西南。

·西北。

6. 看样子，大家还要去看一下地图啊。"如梁"的"如"是什么意思？

·到的意思。

7. 大家知道如家吗？

·没听说过。

·是个连锁酒店。

（引导者）如家是一个连锁酒店，这里的"如"可以理解成"如梁"中"如"的意思：如家，就是到家了。"如"还有"像"的意思，所以如家至少有两个意思，第一个是"到家"了，你可以安心了。第二个意思是酒店像家一样温馨。说明酒店老板起名字呢，还是有中国文化底蕴的啊。

8. 请问"使者"是什么意思？

·一个国家派往另一个国家支援或贸易的一个主要人物。

·到别的国家打探的人。

·外交官。

·皇帝派一个人到其他国家去办事。

·跟别的国家做外交的。

（引导者）好的。大家说得比较准确，使者是代表这个国家到另外一个国家去进行国事访问的人。现在也有使者，还分了很多级别，包括大使、公使、参赞、秘书等。这是一个职业，出去以后代表国家。

第二步："孙膑以刑徒阴见"。

（引导者）第一句"齐使者如梁"五个字交代了故事的背景。第二句话"孙膑以刑徒阴见"，谈到了故事的主人公孙膑，他是孙子的后代。孙子也叫孙武，是写《孙子兵法》的人，孙膑是他的后代。

1. "刑徒"是什么意思？

·犯人。

·受刑的人。

·正在接受刑罚的人。

·那些受刑的人一般会在脸上刺字，而且一生都会很屈辱。

（引导者）刑徒，刑，是刑罚；徒，是人的意思。刑徒就是正在接受处罚的人，简单地说就是"犯人"。

2. 我给大家讲个背景，孙膑为什么是犯人。

·老师，这个背景我知道。孙膑有个师弟叫庞涓，他们的师父是鬼谷子。由于庞涓妒忌孙膑比自己有才华，就让他到大梁来并陷害他，魏王听信了庞涓的谗言，就惩罚了孙膑。

（引导者）哇，很棒，差不多就是这个意思。

据史书记载，孙膑和庞涓都是鬼谷子的徒弟。鬼谷子是一位高人，隐居在终南山。

庞涓相对来说势利一些，想早点出师去挣功名利禄，所以，他比孙膑先下山。

下山以后他在魏国站稳了脚跟，然后写信让孙膑也出山。孙膑毕竟比庞涓学的时间长一点，所以到了魏国后，庞涓发现孙膑的能力比自己更强，于是就设计陷害了孙膑。孙膑受到了两个处罚，一个是把膝盖给挖了，一个是脸上刻字了。

3. "阴见"的"阴"是什么意思？

· 悄悄地。

· 秘密拜见。

· 就是不让别人知道的意思。

4. 好的，"阴见"是偷偷的不让别人知道。那么，究竟是不让谁知道呢？

· 魏国人。

· 庞涓。

· 魏国国君。

（引导者）我们说了几个人。肯定是不让庞涓知道，否则的话，他会继续陷害孙膑。也可能不让魏国国君知道，因为孙膑是人才，不能放啊。也就是说，不要让希望自己留在魏国的人知道。

第三步："说齐使"。

1. "说齐使"的"说"是什么意思？

· 说服的意思。

· 劝说。

2. 孙膑是如何说服齐国使者的呢？大家扮演孙膑，我来扮演齐国使者，你们来试一下说服我。

· 齐国使者，你看我身在魏国，有才却无法施展。你可以把我敬献给齐王，这样我好一展我的才华，帮助齐国统一天下。

3. 孙膑是以诉苦说服齐国的使者，还是以展现自己的才能说服齐国的使者？

· 展现自己的才能。

（引导者）好的，我们都认为是展现自己的才能。有的时候你悲惨的、糟糕的境遇，未必能够打动别人。要想打动别人，你必须知道对方要什么，同时你能给到什么。

4. 孙膑如何展现自己的才能？

· 我觉得是他要问齐国使者，看他想要孙膑做什么，于是孙膑就做得很好。

· 要把事情做好。

· 就是把自己之前学到的最熟练的本领，展现给他看。

· 先要知道齐国使者想要什么，然后运用自己的才能给他说出一些建议，让齐国使者对他刮目相看。

· 在口才方面展现自己的才能，并说服齐国使者。这样一举两得。

（引导者）其实，孙膑是如何说服齐国使者的，我们谁都不知道。但我们可以推理一下，他有个很简单的方法来证明自己的才能。目前庞涓在魏国，位置比较高，打仗也比较厉害，这个大家都知道，齐国使者也知道庞涓很厉害。

所以孙膑只需要做一件事情，或者说一句话，大家猜这句话是什么？

· 我比庞涓厉害。

（引导者）对！这是证明自己优秀的一个讨巧的方法：找一个大家都知道的人，然后说我比他厉害。

5. 齐国使者可能会问：那你怎么证明你比他厉害呢？

· 我比庞涓多学几年。

· 说出以前遭遇的事，然后说出一些一般人不知道的事。

· 庞涓做的事情，我全部都会做。

· 就说我的脚残废了，就是因为庞涓嫉妒，把我脚给打折了。

· 我是孙武的后代。

· 请鬼谷子来证明。

（引导者）哇，大家有很多方法啊：

一个是拿学习成绩来说，我比庞涓学习的时间长，考试成绩比他好。

一个是"拼爹"，我爷爷的爷爷是孙子，我的家传比较好，我家世比较好。

一个是请专家来论证，鬼谷子老师说我比庞涓厉害。

第四步：田忌赛马的故事。

（引导者）好的，我们用了半个多小时的时间学了三句话。以后大家看文言文就用我这种方法，一个字一个字地"抠"，一个字一个字地去找它的意思，然后再把它串起来理解。

后面呢，我就把这个故事讲一讲，就不一一"抠"字眼了。

孙膑在大家的建议下，用了这些方法说服了齐国的使者，使者一看，真的是个奇人啊！于是就把孙膑放到车子底下的暗格里，偷偷把他带到了齐国。

到齐国以后，他没有把孙膑直接推荐给齐威王，因为毕竟是第一次接触嘛，所以他把孙膑推荐给了田忌，田忌是负责齐国军事方面的将军。田忌非常赏识孙膑，待他如上宾——就是最尊贵的客人。我们也可以想一想啊，这中间一定是发生了什么事情，使得田忌非常尊重孙膑。

田忌经常和齐国的公子们包括国君一起进行赛马，他们赛马还要赌钱。古时候的赛马，不是指一个人骑在马上进行比赛，是指用马拉车进行比赛，类似于现在的F1赛车。

田忌他们为什么要赛马？在那个时代，马拉的战车是战场上的一个重要武器。通过赛马，可以训练军队的战斗力，也能发掘一些驾车方面的人才，和一些优良的种马。所以，赛马既有娱乐性，又有军事价值，蛮有意思的。

那时的赛马是分层次的，上等马、中等马、下等马。比赛的时候是上等马对上等马，中等马对中等马，下等马对下等马，三局两胜制。

田忌经常输给齐威王，孙膑于是就给他出了个主意。他对田忌说，你跟齐威

王沟通一下，你们下一个大赌注再比一次，我保证你赢。田忌很信任孙膑，约了齐威王和各位公子，下注千金，进行比赛。

我插一个小问题：公子，是什么意思？

·春秋战国时诸侯不能继承君位的儿子称为公子。

·当时的贵族、豪门。

·国君的儿子。

·在当时是有地位的人。

（引导者）"公子"的意思，书上也讲了，就是不能继承君位的儿子称为公子。周朝后，能够继承王位的称"王"；不能继承王位的，封为"诸侯"；诸侯中能够继承位置的是"大夫"，不能继承位置的是"公子"。

我们现在说的"公子"，是指男的，如"你家公子如何如何"，稍微有点尊称的意思。回到比赛现场：

比赛之前，孙膑对田忌说："比赛的第一场是上等马对上等马，但你不要出上等马，你要出下等马。第二场是中等马对中等马。上一场你没有出上等马，这一场可以出了，用你的上等马对齐威王的中等马。第三场是下等马对下等马。你的下等马已经出场过了，但你的中等马还没有出场，所以，用你的中等马去对齐威王的下等马。这样，第一场你会输，但第二、三场你会赢，三局两胜制，你最终会赢得比赛，得到千金。"

第五步：田忌赛马的精神。

1.大家对孙膑的方法如何评价？

·犯规啊。

·有创新精神。

·聪明。

·孙膑很有战术。

·我觉得孙膑这个方法挺好的，获得了胜利，但是我觉得如果被齐威王知道了，可能会被惩罚。

·这种方法是挺好的，但是违背了比赛规则。

（引导者）一方面，我们看到了孙膑的聪明才智。另一方面，我们也发现孙膑违背了游戏规则。当别人都在按游戏规则做的时候，你不遵守游戏规则，那你当然胜出了。

2. 破坏规则这个做法的后果是什么呢?

·可能会被处罚。

·会影响游戏的章法。

·要是被齐威王发现，有可能把他这个职位给撤掉。

·以后别人都不和你玩了。

·可能不会被处罚，因为游戏里没有说不能这样。

3. 我们假设齐威王和公子们发现了田忌的做法，再来一次这样的比赛，这个游戏会怎么玩呢?

·他们都会出上等马。

·重新安排游戏规则。

（引导者）嗯，也可能他们会加强对马的检验。当发现有人作弊的时候，就会反思我们的游戏，看看是否需要调整我们的规则。这是一种情况。

还有一种情况，是大家都用上等马，这样，规则就已经不存在了。当有人违背规则的时候，如果他没有受到相应的惩罚的话，这个游戏是很难继续玩下去的。

4. 我们思考一下，孙膑为什么要违背规则?

·展现他的才华。

·让田忌知道自己的厉害。

·为了赢。

· 答应过田忌要为他赢得比赛。

· 孙膑认为齐威王的马比田将军的马好很多，于是他就不能按常理出牌，要出其不意，这样才能制胜。

· 让田忌对自己更信任。

· 他抓住了别人的弱点。别人的弱点就是他的优势。

（引导者）好的，这是一种解释，孙膑要帮助朋友田忌赢得比赛，一方面是让他获得千金，算是对朋友的报答，另一方面是通过胜利提升田忌的地位。

其实呢，这不是孙膑的目的。为什么这么说？我们看文章的最后一段话："于是忌进孙子于威王。"什么意思呢？比赛以后呢，田忌就把孙膑推荐给了齐威王。

5. 为什么田忌选择在比赛后而不是比赛前向威王推荐孙膑呢？

· 这样齐威王问他为什么你有这种想法，他就有理由可以说服他。

· 需要先试一下他的才能，看一下孙膑是不是像他自己所说的那样，那么有军事能力。

· 推荐给齐威王，也是为了更好地帮助国家。

（引导者）是的，田忌相信孙膑，但并不意味着齐威王也信任孙膑。通过赛马这件事情，孙膑展现了自己的能力。

兵家，是以取胜为目标的，和儒家不一样，儒家是修身齐家治国平天下。兵家比较简单，就是把你打败。兵者，诡道也。所以在比赛中，兵家讲的是方法，讲的是计谋。孙膑用破坏规则、讲计谋的方式来赢得比赛，从而也就证明了自己确实是比较厉害的。这也方便田忌推荐自己。

有的时候，做事情是要讲究时机的，时机到了你才能够去做这件事情，当然，前提是你要做很多准备工作。

推荐的结果是什么呢？"威王问兵法，遂以为师。"

第六步："遂以为师"。

1. "遂以为师"的"师"，什么意思？

· 老师。

（引导者）大家说是"老师"的意思。孙膑成了齐威王的老师，这个叫"国师"。

2. 明天是什么日子呢？

时间：2018 年 9 月 9 日。

（引导者）对，明天是教师节，别忘了向老师问声好哇。

· 祝王老师节日快乐。

（引导者）哦，谢谢。王老师还不是老师啊，我不敢称"老师"啊。好，下面回到这个故事中来。

3. 孙膑一出场的时候是刑徒，膝盖被别人挖了，脸上还刺了字。到故事结局的时候，孙膑成为了一个强大国家君王的老师。这个身份变化大吧！为什么变化这么大呢？中间发生了什么？

· 展现了自己的才能。

· 孙膑向齐威王展示了他的才能，从而赢得了齐威王的信任，得到了地位。

· 因为孙膑说服了使者，来到了齐国。在赛场给田忌出了主意，赢得了比赛。并且得到了田忌的推荐。如果不经历这些，他是不可能有这么大的变化的。

（引导者）对。第一，孙膑有才能。这是前提条件，也是基础。第二，也是更为关键的，他换了一个环境，从一个受敌视的魏国到了受欣赏的齐国，环境的改变很关键。第三，期间有贵人相助，一个是齐国使者，还有一个人物是田忌。

我们要修炼自己的才能，遇到自己的贵人，在一个适合自己的环境里发挥自己的才能。

最后一句话"遂以为师"也表明齐威王用人很有胸怀，他能把一个脸上刻字的囚徒当作自己的老师，非常不容易。在古代社会，老师的地位相当高，一日

为师，终身为父。齐威王之所以拜孙膑为师，也是因为他有更远大的目标：统一中国。

第七步：总结。

（引导者）总结一下，大家从这个成语故事中学到了什么？比如说，你从孙膑身上学到了什么，从田忌身上学到了什么，从庞涓身上学到了什么，从齐威王身上学到了什么，以及你从田忌赛马的事件中学到了什么？大家思考一下，然后分享。

·从孙膑身上我学到了要不断努力，这样才能得到自己想要的生活。

·从孙膑身上学到了要利用场合。

·从孙膑身上学到了要敢于向他人说出自己的愿望，敢于尝试。要用自己的才能从困境中解脱，改变自己的命运。

·从孙膑身上学到了善于动脑筋。

·从孙膑身上我学到了做人不能轻易放弃，有可能一个转弯就改变了你的命运。

·孙膑很聪明，勇于突破常规。

·从田忌身上我学到了选择人才要选"气自华"的，不能看对方身份低贱，就认为他没有才华。

·从田忌身上我学到了用人不能只看外表，要看这个人的实际能力怎么样。

·从齐威王身上我学到了用人要胸怀宽广，不能遇到一个囚犯就很睥睨的样子。

·从齐威王身上我学到了不管是什么人，只要他有才能，就可以把他当作自己的老师。

·从齐威王身上学到了不要以貌取人。

·从庞涓身上我学到了做人不能心胸狭隘，不能嫉妒别人，要学习别人的长处。

·从庞涓身上我学到了做人不能心胸狭隘，要不然，作恶太多下场肯定很悲惨。

·从田忌赛马的这个事件中学到了做事要有策略，不能做自己没有把握的事。

·从故事中学到了要去发现别人的短处，知道自己的长处，从而在竞争中获胜。

第16章 《叶公好龙》引导设计

【成语故事】

春秋时楚人沈诸梁，字子高，被封在叶邑（今河南叶县），自称为叶公。他有个奇怪的嗜好，就是喜好龙。他衣服上的带钩、喝酒用的爵，都用龙来装饰。屋子里面雕镂装饰的也是龙。他好龙已经到了痴迷的程度，走进他的家里，恍如置身龙宫一般。

天上的真龙听说叶公那么喜欢自己，有点感动，心想应该跟他见上一面，算是对他的一种回报。有一天大雨滂沱，真龙从云间缓缓而下，把头从叶公的窗口伸进去，尾巴拖在客厅地上。

怎料叶公看见真龙张牙舞爪的模样，竟吓得魂飞魄散，拼命往外逃。原来叶公并不是真的好龙，他喜好的只不过是像龙而非真龙的东西罢了。

【引导设计】

本文引导设计步骤如下：

第一步：喜欢什么？

1. 对"叶公好龙"这个成语的理解？

2. 叶公为什么喜欢龙？

3. 你们喜欢什么？

4. 大家喜欢上学吗？或者说喜欢学哪一门课程？

5. 你喜不喜欢这门课程和你这门课程学得好不好之间有什么关系？

6. 假设我们不喜欢一门很重要的课程，那么我们如何让自己喜欢上这门课程？

7. 叶公喜欢龙，包括穿衣打扮、家具装修，后来真龙出现以后他又害怕了。那么，叶公真正喜欢的是什么呢？

8. 真龙为什么要出现呢？

第二步：说话的层次。

1. 周末穿衣服，他问你"我这个衣服好看吗？"你觉得实在是不好看，你会说什么？说不好看？说还行？还是说挺好看的？

2. 中午在学校里面吃饭，饭后，你发现朋友嘴没有擦干净，嘴角上方有一粒饭。你会不会告诉对方？

3. 上午第一节课刚好是你喜欢的老师的课，上课上到一半的时候，你突然发现老师牙齿缝中间有一片小小的青菜叶。你会告诉老师吗？

4. 星期天晚上你在小区和同学一起玩，然后呢，你说："明天要考语文，我要回家复习一下。"你朋友说："哎呀，不用复习啦，没关系啦，肯定会考得好。"但是，你还是回家复习语文了。第二天周一考语文，结果呢，他就没考好，而你就考得很好，你的朋友就问你："为什么我的语文分数比你的低那么多呢？"你会不会告诉他"因为我昨天晚上复习了，而你没有复习"？你会说这话吗？

5. 在家庭中父母是不是经常对你们说类似的话？爸妈说的是对的，对你也是有用的，但是你就是不想听。这种情况下，爸妈是选择不说呢，还是继续说你呢？

第三步：相关知识。

了解历史上的叶公。

【实际操作】

时间：2018 年 11 月 19 日。

地点：网络。

人物：4位3年级，3位4年级同学。

操作过程中引导者提出的问题及孩子们的回答如下：

1. 对"叶公好龙"这个成语的理解？

·表面和口头上爱好、赞赏什么事物，但实际上并不爱好；或者是对这个事物并不了解然后就喜欢起来，如果他真正地去接触并理解了，不但不喜欢而且很害怕、恐惧。

·表面或口头上喜欢、赞赏某事物，实际上并不喜欢。

·叶公不是真正地喜爱龙，同时也讽刺了那些表里不一的人。

·这个故事当中的叶公表面上看似是喜欢龙，但是其实他特别害怕真龙。那些嘴上说喜欢某种东西，但是心里却是害怕、不喜欢的人，不是表里如一的人。

2. 叶公为什么喜欢龙？

·龙很威风。

·他其实并不是喜欢龙，而是喜欢像龙那样的装饰品。

·龙的地位高。

·龙代表吉祥，中国人还是龙的传人。

·想把家里装扮成龙宫。

·中国人崇拜、敬重龙，龙很高贵。

·皇室才会用龙来装饰。

（引导者）我发现大家脑洞大开呀，设想了各种情况。叶公为什么喜欢龙呢？我们从史书上去寻找一些线索，在读书会的后面，我再跟大家讲叶公为什么喜欢龙。

3. 叶公对龙很痴迷，穿衣打扮、家居装修都有龙的样子。我想问一下大家：你们喜欢什么呀？

·机器人、智能编程机器人，我几乎所有的时间都去组装机器人和学编程。

·看动漫，喜欢动漫里面的人物，比如说那个 hello kitty 呀，多啦 A 梦啊。一回家写完作业，我就要看那个动漫。

·兔子。

·我喜欢的一个作者是雷欧幻像，喜欢他的《查理九世》和《怪物大师》，我一有时间就看。

·洛天依，初音未来。

·看哈利·波特的电影。

·喜欢画画，只要我有时间我就要去画画。

4. 喜欢爸妈和喜欢画画（编程、漫画……）有什么区别？

·爸妈不是喜欢是爱。

·喜欢爸爸妈妈就是人类天生的那一种对事物的依恋的感觉吧。但是我觉得对爸爸妈妈的那种喜欢，更深奥一点，就是我现在也不太懂的那种词语，就是爱吧。

·爸爸妈妈是陪着我的人，画画是我最喜欢的科目。

（引导者）对的。"喜欢"这个词含义比较丰富。叶公好龙，他是一种兴趣爱好。我们对爸妈的喜欢不能说我对爸爸妈妈有兴趣爱好，真的不一样。我们今天讲的"喜欢"是指兴趣和爱好。

5. 大家喜欢上学吗？或者说喜欢学哪一门课程？

·科学课、艺术课、美术课。

·美术课。

·劳技课（就是手工课——引导者注）。

·喜欢中午的自由活动时间，可以和小伙伴们一起玩。

·喜欢课间。

·喜欢爸爸妈妈送我上学的那个时候。

· 喜欢上学阅读。

· 自修课，每个人都可以选自己的课。

· 体育课，上次还跑了第一名。

· 星期二的拓展课，可以去自己喜欢的兴趣班。

· 英语课。

· 语文课也挺有意思的，给我们讲很多扩展知识，老师也很幽默。

6. 你喜不喜欢这门课程和你这门课程学得好不好之间有什么关系？

· 喜不喜欢就是你学得好不好。

· 没什么关系，语文课不喜欢听不想上也要上没办法，但还是能考高分。

· 我比较喜欢数学，但数学成绩忽好忽坏，像波浪一样。

· 成绩好就有自信，有自信就会对这门课程有兴趣。

（引导者）这个会互相影响：成绩好的话有自信，可能对这门课程的兴趣也会更高一点。

7. 假设我们不喜欢一门很重要的课程，那么我们如何让自己喜欢上这个课程？

· 要认真，然后你就会觉得很轻松，最后你就会喜欢这门课。

· 我觉得是先发现这门课程对自己的重要性。知道重要性，以后再深入研究，说不定就会喜欢上。

· 多看些有关于这门课的有意思的书。

· 慢慢学习，没准儿多学习学习就可能喜欢上了，就更能了解这门课了。

8. 叶公喜欢龙，包括穿衣打扮、家具装修，后来真龙出现以后他又害怕了。那么，叶公真正喜欢的是什么呢？

· 是装饰的龙，而不是真正的龙。

· 龙的外表。

· 像龙的装饰品。

· 那些会装饰且特别帅气的龙。

· 真正喜欢的是那些像龙，但是不是龙的东西。

· 喜欢龙的高尚而不是真正的龙。

· 喜欢的是龙的图片。就像一个人，他很喜欢看鬼片，但是如果真的让他来演鬼片的话，他可能就没有这个胆量。

（引导者）他喜欢的是他心中的那个龙。心中的龙比较完美，并且有比较强的安全性。

当真的龙出现以后，有可能和心中的不一样；也有可能真龙对他有一些威胁，可能导致他不喜欢真正的龙。

9. 叶公喜欢的龙，是自己以为的龙，未必是真正的龙。从这个逻辑推理的话，那么叶公真正喜欢的是什么呢？

· 是龙的装饰品。

· 喜欢虚构的、虚假的龙。

· 被雕琢的龙只是人们想象出来的，但真正的龙并不是这样的。

10. 叶公喜欢的，是自己虚构的龙，而不是那个真正的龙。这说明了什么？

· 说明叶公是个表里不一、口是心非的人。

· 两面三刀的人。

· 名不副实的人。

· 说明叶公喜欢安全的龙（虚构的龙——引导者注），不喜欢不安全的龙（真龙——引导者注）。

（引导者）叶公并没有表里不一，他喜欢的龙是自己想象中的龙，表里如一啊。

他是真的喜欢龙啊，不过你这个真龙和我喜欢的龙是不一样的。比如说我喜

欢猫，但我心目中的猫是白猫，你把那个黑猫给我，问我喜不喜欢，我当然说我不喜欢啊。但你不能说我表里不一，因为我喜欢的猫是白猫，你给我的是黑猫。

这个问题有点复杂，有点深奥。我想说的是：他喜欢的龙是自己虚构的龙，而不是真实的龙。这说明，很多人喜欢一样东西，不是喜欢那个东西本身，而是喜欢自己。

如果自己喜欢的东西和自己想象中的不一样，发生了变化，可能就不会再喜欢那个东西了。

11. 真龙为什么要出现呢？

· 听说叶公比较喜欢他。

· 真龙以为叶公不会怕他，所以他就出现了。

· 被叶公的喜欢所感动。

· 不出现，感觉对不起叶公（对不起叶公这么喜欢自己——引导者注）。

（引导者）总结一下，对于真龙来说，有这么一个人这么喜欢自己，就像明星找到了自己的粉丝一样，他出现一下，就想满足一下粉丝的这个愿望，这叫成人之美呀。

12. 真龙代表着什么？

· 威武。

· 对叶公来说代表着恐怖。

（引导者）这里面有两条龙，一条龙是叶公想象的虚构的龙，另外一条龙就是真龙。把两条龙放在一起来进行对比分析，前一条龙代表对事情的想象、判断，后一条龙代表事情的真相。叶公怕真龙，也情有可原：有的时候真相是残酷的，是恐惧的，是危险的。

下面我把叶公好龙编成一段简单的对话——

叶公：我喜欢龙。

真龙：我来了。

叶公：我好怕，不喜欢你了。

13. 这段对话给我们什么启示？

·喜欢一件东西并不代表真正喜欢这件东西。

·不了解就喜欢一件事，到最后还是不喜欢。

·真龙如果不出现，叶公会继续喜欢他。也就是说，有时候不告诉真相比告诉真相更好。让叶公沉浸在想象中更好一些。

·不了解一件事，就不能说明最后是喜欢还是不喜欢。

·我很喜欢日本人的东西，因为他们做得很精巧，但是自从我知道日本屠杀中国人之后，我就不怎么喜欢日本的东西了。

14. 我们和同学交往的时候，你会每次都跟对方说真话吗？比如周末穿衣服，他问你"我这个衣服好看吗？"你觉得实在是不好看，你会说什么？说不好看？说还行？还是说挺好看的？

·我会说还行，我觉得他不好看，那必须满足自己的心意，但又要对得起别人，所以我会选择还行。就是我要满足他人又得要满足自己。

·我会说真话。

·比如说这件衣服上面的花纹很好看，就是有一些太花了。如果说真话的话可能会让你的朋友难过，就是善意的谎言。

·我选择"还行"。

（引导者）大家考虑问题还是比较细致啊，一方面要考虑到自己的真实的想法，一方面还要考虑到对方的心情，另一方面还要考虑到你表达你的想法以后可能发生的后果。

这就是我们和朋友交往的时候说话的三个层次。

第一个，你说的话是不是对的。如果说错的话，那你就有问题，跟别人沟

通的时候尽量要说正确的话。道听途说的、自己没有把握的事——比如小道消息——不说。这是第一个层次，你说的话要是正确的。

15. 中午在学校里面吃饭，饭后，你发现朋友嘴没有擦干净，嘴角上方有一粒饭。你会不会告诉对方？

·会。

·我会。如果我不告诉他的话，那他肯定会顶着这个饭粒去见别人，别人看了可能就会笑他，他心里肯定就会不舒服。

·反正说了也不会伤害到对方，如果别人不说的话，反而还嘲笑他那就不好了。

16. 上午第一节课刚好是你喜欢的老师的课，上课上到一半的时候，你突然发现老师牙齿缝中间有一片小小的青菜叶。你会告诉老师吗？

·不会。因为这样子的话可能会影响老师上课，然后老师心情可能就会不好。可能责怪我扰乱课堂纪律。我没有那么大的胆量告诉老师。

·上课说的话可能会打扰老师，或者说了会让老师感到不高兴，所以我选择下课偷偷地告诉老师，并且说得不能那么的直接。我会这么告诉老师：就是说"老师再见"，然后走了几步再回去说，欸，老师，你牙齿缝里还有个菜叶。最好在中间再加上"我很喜欢上你的课"。

·先等老师把重要的话说完了再私下告诉老师。

·不会。因为这样会影响上课，有可能还会被老师批评。还是下课告诉老师好一点。

17. 星期天晚上你在小区和同学一起玩，然后呢，你说："明天要考语文，我要回家复习一下。"你朋友说："哎呀，不用复习啦，没关系啦，肯定会考得好啦。"但是，你还是回家复习语文了。第二天周一考语文，结果呢？他就没考好，而你就考得很好，你的朋友就问你："为什么我的语文分数比你的低那么多呢？"

你会不会告诉他说"因为我昨天晚上复习了，而你没有复习"？你会说这话吗？

· 不会。

· 我不会那么说，因为这样他可能会不高兴，所以我就会说：哦，我也不知道。然后再说：我想应该是我昨天回去好好复习了一下。

· 应该跟他说，你要认真复习才能考好，不能在考试的前一天还在玩。

· 我会对他说：可能是这次你发挥不好，下次再努力就好了，而不会告诉他真相，这样子的话可能会伤了他的心。

· 我会说我这次考试只是发挥得很好，昨天我也复习了不少。

· 还是不跟他说自己复习好了。

· 如果我说真话他脸色看起来就快要生气的时候，我会对他说"才怪"。

（引导者）在这个问题上，大家有不同的看法。有的是不会这么说，这是照顾到对方的情绪，他没有考好，本来心情就不爽；有的说还是要告诉他。这是我们说话要考虑的第二个层次，即你说的话对对方有没有用。

如果你说谁让你昨天去玩啦，谁让你不复习啦，你这样说的话，估计对方会"发毛"的。

你可以委婉地说一下："这次考试有好几个题目是我昨天晚上复习的时候刚好复习到了的，所以我就这次考得还行。"你这句话其实就暗示了对方要想考得好还是要复习的。当然了，说这话的前提，是你希望你的朋友下一次考得更好一点。

回到老师的牙缝上有菜叶的这个问题。假设，你站起来说："老师，你的牙齿缝中有菜叶。"第一，你说的是对的，确保了第一个层次（说的是对的）。第二，你说的是有用的，帮助老师避免出更大的丑。但是，大家都没有在当场站起来说，这是考虑到第三个层面，即你说的话是不是对方想听的！

18. 叶公好龙这个故事中，真龙出现了，告诉了叶公什么是真龙，它是对的。

但叶公并不想听（什么是真龙），反而被吓坏了。也就是说，我们在和对方沟通的时候，有的时候即使你是对的，即使你的话对对方有用，但对方就是不想听。

这种情况下，你是会继续说呢？还是算了，不说了？

· 算了。

· 说了也不会听。

· 算了，说也白说，她不仅不会听还会讨厌我。

19.（引导者）我们切换一下身份。在家庭中父母是不是经常对你们说类似的话？爸妈说的是对的、对你也是有用的，但是你就是不想听。这种情况下，爸妈是不说呢，还是继续说你呢？

· 继续说。

· 会继续说，还会拿别的小孩子和我比较。

· 简直是批斗会。

· 比如说我妈老叨叨，我就跟她说别说了我烦了，然后她就不说了。

· 要是我说了"我今天想安静点，求你不要说了"，她也不会说。但是我说"我烦呢"，她又会继续说下去，还骂我几句。

· 我说"停止这个话题"，她也会不说。

20. 这种情况下，你们心情如何？

· 我心情会特别的烦躁。

· 特别不开心，就发脾气。

· 让我伤——心——不——已！

· 我会很不开心。

（引导者）是啊，好像我们都比较反感他们唠唠叨叨。

回到成语故事，我还没讲第一个问题"叶公为什么喜欢龙"？我给大家普及一下背景知识。

我在网上查了一下，这个故事出自东汉刘向的《新序·杂事》，故事的主人公确有其人，芈姓，沈尹氏，名诸梁，字子高，封地在叶邑（河南省平顶山市叶县叶邑镇），生卒年是公元前522年到公元前470年。

叶公在叶地治水开田，颇具治绩。曾平定白公之乱，担任楚国宰相。因楚国封君皆称公，故称叶公。他是中国历史上有文字记载以来的叶地第一任行政长官。

作为春秋末期楚国的军事家、政治家，为什么给世人留下"叶公好龙"的恶名呢？

叶公到了封地——叶地之后，采取休养生息的政策，他参与制定了东西二坡的工程设计：西坡拦洪、东坡蓄水，东西坡遗迹至今尚存。

据《水经注》记载，西坡面积约1平方公里，东坡面积约20平方公里，足以浇灌几十万亩耕地。东西二坡是继孙叔敖筑芍坡之后的又一大型水利工程，比西门豹渠早100多年，比都江堰早200多年，比郑国渠早300多年。叶公筑"坡"治水，是中国最早的小流域治理水利工程范例。也就是在东西二坡水利工程设计中，直接引出了所谓的"叶公好龙"。

众所周知，叶公那个年代在绘制工程设计图时条件十分艰苦，能用作载体的只是竹木简，但是如此浩大的工程，用竹木简实在不方便。因此，叶公便用家中的墙壁当作"纸"来绘制东西二坡水利工程设计图。

同时，叶公多少有些迷信（那个时代的人大都迷信）。叶公考虑到头顶上主管水利的是龙王，因此只要是出水口，叶公都画个龙，被称为"水龙头"。

已经成了叶地"老大"的叶公名声在外，不少宾朋都来他家做客。有的客人看不懂叶公家的"后现代壁画"，同时又对叶公的身份地位嫉妒（叶公时年24岁），看到那些"水龙头"更是"蒙圈"了。于是，他们出去后逢人便说："人人皆知龙能腾云驾雾，而叶公却画龙不画云，可见他并不真的喜欢龙。"

汉哀帝时，汉皇室成员、大文豪刘向在其所编的《新序·杂事》中，写下了

"叶公见龙而走"的段子，便是"叶公好龙"的出处。

刘向为什么要如此编派叶公呢？刘向祖父的祖父（楚元王）被封在叶公曾活动的楚地，楚元王力荐的白公胜被叶公镇压，后来刘向又曾在楚地因为斗宦官而被贬为庶人。"叶公好龙"是否是在对当朝骂街，刘向的想法咱就不知道了。

公元前479年，楚国发生了白公胜叛乱，后被叶公平定。公元前475年（这是春秋战国的分界年份），叶公把令尹一职让给公孙宁，把司马一职让给公孙宽，此即历史上有名的叶公让贤。然后，叶公回到叶地，安度晚年。

第17章 如何开好高中生的读书会

第一部分：设计。

针对高中生的读书会，有以下三大类主题：

第一类是"昌国私塾"中的课程，包括价值观和思维，这是重点。

第二类是为高考准备的功利性主题。我收集、整理了最近5年全国各地高考语文作文题，将之归类、抽象成哲学主题；然后"按方抓药"，看看中西方古今圣贤是如何论述这些主题的；最后，将之浓缩成读书会的材料，分享给孩子。

第三类是为日常生活准备的实用性主题。2018年下半年，我孩子上高中，第一次住校，面临同龄人相处问题，于是，我设计了一期以"沟通"为主题的读书会。

2018年共举办了16期针对高中生的读书会（我将之称为"少年读书会"），这16期的主题分别是：①东西方文化底蕴；②批判性思维之"假设"；③批判性思维之"价值观假设"；④东西方思维模式；⑤形式逻辑之同一律；⑥形式逻辑之其他三大定律；⑦成语故事《一网打尽》；⑧经济学·价格；⑨经济学·效用；⑩坚毅；⑪人际关系·同侪压力；⑫经济学·先秦经济变革；⑬人际关系·沟通；14~16期是哲学·公正。

以第13期读书会"人际关系·沟通"为例，向大家介绍一下少年读书会。以下是当时写的策划案。

第 13 期读书会策划方案

【时间】11 月 3 日下午 3~5 点。

【地点】县图书馆。

【主题】人际关系·沟通。

【内容】(重点部分加重语气)。

1. 案例分析：重庆万州公交车坠江事件。

2. 了解自我。

2.1 了解自己的情绪指令系统（测试，备选）。

2.2 了解自己的认知模式（测试，备选）。

2.3 了解人际风格形成的家庭背景（测试）。

3. 管理情绪，完美沟通。

3.1 掌握人际沟通的 ABC 模型（行为认知疗法）。

3.2 掌握非暴力沟通的步骤。

3.3 了解佛教三法印（备选）。

4. 总结。

【参考书籍】

1.《人的七张面孔——人际关系背后的心理奥秘》，约翰·戈特曼。

2.《上脑与下脑——找到你的认知模式》，斯蒂芬·科斯林、韦恩·米勒。

3.《我的情绪为何总被他人左右》，阿尔伯特·埃利斯。

4.《非暴力沟通》，马歇尔·卢森堡。

5.《正见——佛陀的证悟》，宗萨蒋扬钦哲仁波切。

高年级的读书会，阅读材料不再是简单的成语故事，更多的是书籍浓缩、心理学实验、论文等，很有深度，需要孩子进行 β 阅读。另外，不需要针对阅读材料设计太多的问题。

以上面"沟通"为主题的读书会为例，我当时的操作是这样的：

第一，阅读案例。

刚好当时发生了重庆万州公交车坠江事故，我让孩子们先看视频，然后阅读文字材料。

第二，事件分析。

我的提问很简单——你怎么看待这件事情？这个问题没有方向性，没有限定范围，目的是让孩子们充分发挥，以了解他们的思维和价值观。

我板书孩子们的发言，结束后，带领大家进行总结。分析事件，有两个基本的角度：环境和个体。在分析环境因素时，最常用的工具是"PEST"；在分析个体因素时，最常用的工具是角色分析法和心理学。

第三，原因分析。

在总结了孩子们的发言后，我把讨论引向本次主题。我问大家："肇事者为何有这种行为？"

第四，阅读材料，学习理论。

一是阅读学习材料《ABC理论》的第一部分"简介"。阅读完毕，我让孩子们画出案例中三类角色（肇事者、司机和乘客）的ABC图。

二是阅读学习材料《ABC理论》的第二、三、四部分。对照案例，找出各个角色的"不合理信念"是什么。对照自身，找出自己有哪些不合理的信念。记得当时有个旁听的家长，突然一阵惊呼：这10条不合理的信念我都有！她孩子马上补刀：所以啊，我不容易啊，经常被你说！这部分是重点，每个孩子都分享了自己的不合理信念，并举了很多例子。

第五，完成测试，寻找根源。

完成测试材料——《家庭情绪观测试》。

我们为什么具有这些不合理的信念？原生态家庭是一个重要因素。

通过测试，孩子们了解到了自己家庭（主要是父母）的情绪管理观念。我让他们把结果反馈给父母，并且和父母就测试题进行深度交流。

第六，阅读材料，应对之道。

阅读《ABC 理论》的第六、七两个部分。

我问孩子们："案例中的角色，可以有哪些'合理的信念'呢？"引导孩子画出应该的 ABC 图。

第七，行动建议。

阅读学习材料《ABC 理论》的最后一个部分。

制订个人行动计划。

对照原先的策划，这次读书会没有学习《非暴力沟通》的内容，因为时间不够。

第二部分：学习材料。

学习材料包括以下 3 个方面：一是重庆万州公交车坠江事件的案例；二是情绪 ABC 理论；三是家庭情绪观测试。下面我们来具体看看。

先来看重庆万州公交车坠江事件的案例。

2018 年 11 月 2 日，记者从重庆万州公交车坠江事故原因新闻通气会上获悉，10 月 28 日上午 10 时 8 分，重庆市万州区一辆公交车与一辆小轿车在万州区长江二桥相撞后，公交车坠入江中。事故发生后，党中央、国务院高度重视，国家应急管理部、公安部、交通运输部派相关人员赴渝现场指导调查处置。市、区两级党委、政府组织公安、应急、海事、消防、长航、卫生等部门组建现场指挥部，全力开展搜救打捞、现场勘查、事故调查、善后处置等工作。

现场指挥部组织 70 余艘专业打捞船只，蛙人救援队、水下机器人、吊船等专业力量围绕公交车坠江水域全面开展搜救打捞工作。事发后，通过细致调查摸排，明确 15 名驾乘人员身份。同时克服水域情况复杂、水深 70 余米等实际困难，先后打捞出 13 名遇难者遗体并确认身份。精确定位坠江车辆位置，于 10 月 31 日 23 时 28 分将坠江公交车打捞上岸。目前，善后工作正有序开展。

公安机关先后调取监控录像 2300 余小时、行车记录仪录像 220 余个片段，排查事发前后过往车辆 160 余车次，调查走访现场目击证人、现场周边车辆驾乘人员、涉事车辆先期下车乘客、公交公司相关人员及涉事人员关系人 132 人。10 月 31 日凌晨 0 时 50 分，潜水人员将车载行车记录仪及 SD 卡打捞出水后，公安机关多次模拟试验，对 SD 卡数据成功恢复，提取到事发前车辆内部监控视频。

公安机关对 22 路公交车行进路线的 36 个站点进行全面排查，通过走访事发前两站（南山岔路口站、回澜塔站）下车的 4 名乘客，均证实当时车内有一名中等身材、着浅蓝色牛仔衣的女乘客，因错过下车地点与驾驶员发生争吵。经进一步调查，该女乘客系刘某（48 岁，万州区人）。综合前期调查走访情况，与提取到的车辆内部视频监控相互印证，还原事发当时情况。

10 月 28 日凌晨 5 时 1 分，公交公司早班车驾驶员冉某（男，42 岁，万州区人）离家上班，5 时 50 分驾驶 22 路公交车在起始站万达广场发车，沿 22 路公交车路线正常行驶。事发时系冉某第 3 趟发车。9 时 35 分，乘客刘某在龙都广场四季花城站上车，其目的地为壹号家居馆站。由于道路维修改道，22 路公交车不再行经壹号家居馆站。当车行至南滨公园站时，驾驶员冉某提醒到壹号家居馆的乘客在此站下车，刘某未下车。当车继续行驶途中，刘某发现车辆已过自己的目的地站，要求下车，但该处无公交车站，驾驶员冉某未停车。10 时 3 分 32 秒，刘某从座位起身走到正在驾驶的冉某右后侧，靠在冉某旁边的扶手立柱上指责冉某，冉某多次转头与刘某解释、争吵，双方争执逐步升级，并相互有攻击性语言。10 时 8 分 49 秒，当车行驶至万州长江二桥距南桥头 348 米处时，刘某右手持手机击向冉某头部右侧。10 时 8 分 50 秒，冉某右手放开方向盘还击，侧身挥拳击中刘某颈部。随后，刘某再次用手机击打冉某肩部，冉某用右手格挡并抓住刘某

右上臂。10 时 8 分 51 秒，冉某收回右手并用右手往左侧急打方向（车辆时速为51 公里），导致车辆失控向左偏离越过中心实线，与对向正常行驶的红色小轿车（车辆时速为 58 公里）相撞后，冲上路沿、撞断护栏坠入江中。

对驾驶员冉某事发前几日生活轨迹调查，其行为无异常。事发前一晚，驾驶员冉某与父母一起用晚餐，未饮酒，21 时许回到自己房间，精神情况正常。事发时天气晴朗，事发路段平整，无坑洼及障碍物，行车视线良好。车辆打捞上岸后，经重庆市鑫道交通事故司法鉴定所鉴定，事发前车辆灯光信号、转向及制动有效，传动及行驶系统技术状况正常，排除因故障导致车辆失控的因素。

根据调查事实，乘客刘某在乘坐公交车过程中，与正在驾车行驶中的公交车驾驶员冉某发生争吵，两次持手机攻击正在驾驶的公交车驾驶员冉某，实施危害车辆行驶安全的行为，严重危害车辆行驶安全。冉某作为公交车驾驶人员，在驾驶公交车行进中，与乘客刘某发生争吵，遭遇刘某攻击后，应当认识到还击及抓扯行为会严重危害车辆行驶安全，但未采取有效措施确保行车安全，将右手放开方向盘还击刘某，后又用右手格挡刘某的攻击，并与刘某抓扯，其行为严重违反公交车驾驶人职业规定。乘客刘某和驾驶员冉某之间的互殴行为，造成车辆失控，致使车辆与对向正常行驶的小轿车撞击后坠江，造成重大人员伤亡。因此，乘客刘某和驾驶员冉某的互殴行为与危害后果具有刑法意义上的因果关系，两人的行为严重危害公共安全，已触犯《刑法》第一百一十五条之规定，涉嫌犯罪。

再来看情绪 ABC 理论。

情绪 ABC 理论是由美国心理学家阿尔伯特·埃利斯创建的。该理论认为，诱发性事件 A（activating event）只是引发情绪和行为后果 C（consequence）的间接原因，而引起 C 的直接原因则是个体对激发事件 A 的认知和评价而产生的信念 B（belief）。即人的消极情绪和行为障碍结果（C），不是由于某一激发事件

（A）直接引发的，而是由于经受这一事件的个体对它不正确的认知和评价所产生的错误信念（B）所直接引起。错误信念也称为非理性信念（如下图所示）。

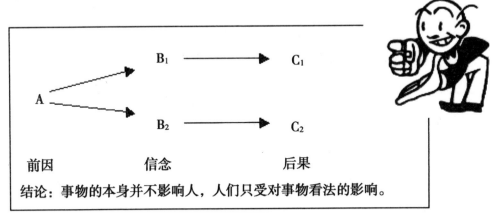

结论：事物的本身并不影响人，人们只受对事物看法的影响。

情绪 ABC 理论示意图

如上图中，A（Antecedent）指事情的前因，C（Consequence）指事情的后果，有前因必有后果，但是有同样的前因 A，产生了不一样的后果 C_1 和 C_2。这是因为从前因到后果之间，一定会透过一座桥梁 B（Belief），这座桥梁就是信念和我们对情境的评价与解释。

又因为，同一情境之下（A），不同的人的理念以及评价与解释不同（B_1 和 B_2），所以会得到不同结果（C_1 和 C_2）。因此，事情发生的一切根源缘于我们的信念（信念是指人们对事件的想法、解释和评价等）。

情绪 ABC 理论的创始者埃利斯认为，正是由于我们常有的一些不合理的信念才使我们产生情绪困扰。如果这些不合理的信念存在，久而久之，还会引起情绪障碍。

对于诱发性事件，埃利斯认为有两种类型。第一类是重大危机，如洪水、疾病、火灾。实际上，我们倾向于在重大灾难面前临危不惧，往往显示出非凡的能力，如 1998 年的抗洪救灾、2003 年的"非典"和 2008 年的汶川地震。

第二类诱发性事件（A）会让我们六神无主，此类是一些日常的烦心事、无可奈何的感觉、担心、麻烦、决定和难相处的人。它们用车轮战来磨蚀我们，每一个能量都不大，但加起来肯定是致命的。此外，一系列出了错的事件，也让我们烦不胜烦。

对于不合理的信念，ABC 理论认为，一切按照心理期待发展，否则会很糟糕；一个人应该担心随时可能发生灾祸；情绪由外界控制，自己无能为力；已经定下的事是无法改变的；一个人碰到的种种问题，总应该都有一个正确、完满的答案，如果一个人无法找到它，便是不能容忍的事；对不好的人应该给予严厉的惩罚和制裁；逃避困境、挑战与责任要比正视它们容易得多；要有一个比自己强的人做后盾才行等等，都是不合理的信念。

依据 ABC 理论，分析日常生活中的一些具体情况，我们不难发现人的不合理观念常常具有以下 4 个特征。

一是糟糕至极的灾难性思维（catastrophic thinking）。

这种观念认为如果一件不好的事情发生，那将是非常可怕和糟糕的，把什么都看作灾难。例如，"我没考上大学，一切都完了""这道题我都不会做，我真的不行"……埃利斯认为，青春期的青少年最善于用灾难性思维方式想问题，诸如，万一心上人不喜欢我怎么办？万一考砸了怎么办？万一跟那帮人合不来怎么办？万一不受欢迎怎么办？万一朋友们发现了怎么办？万一他们认为我是书呆子怎么办？万一我丑或长相滑稽怎么办？

所有这些考虑的第一个念头都以"万一……怎么办"开始，但都不是灾难性想法。把"万一……怎么办"念头变得灾难性的不是问题本身，而是对这个问题的回答。"万一我跟那帮人合不来怎么办？我绝对受不了！""万一她对我不感兴趣怎么办？我难堪极了，我会去死！"

把事情恐怖化的，还有其他形式。有人情绪激动起来，是因为他常这样想：

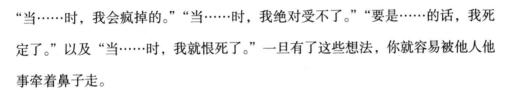

"当……时，我会疯掉的。""当……时，我绝对受不了。""要是……的话，我死定了。"以及"当……时，我就恨死了。"一旦有了这些想法，你就容易被他人他事牵着鼻子走。

当你把某事某人恐怖化时，你还能保持头脑清醒吗？当然不能！你有可能做出明智的决定吗？当然不能！如果你不过激反应，显然更有可能处理好人和事。更重要的是，你能照顾好自己，不让自己被人或事牵着鼻子走。

何况，对任何一件事情来说，都会有比之更坏的情况发生，所以没有一件事情可被定义为糟糕至极。但如果一个人坚持这种"糟糕"观时，那么，当他遇到他所谓的百分之百糟糕的事时，他就会陷入不良的情绪体验之中，而一蹶不振。

二是绝对论者思维方式（absolutist thinking）。

绝对论者思维是指常常以自己的意愿为出发点，认为某事物必定发生或不发生的想法。这种思维方式常常表现为将"希望""想要"等绝对化为"必须""应该"或"一定要"等。绝对论者思维倾向于以下面几种形式出现："我必须……""我应该……""我不得不……""我只能……""我一定得……""我非……不可"，诸如此类。例如，"我必须成功""别人必须对我好"等等。

这种绝对化的要求之所以不合理，是因为每一客观事物都有其自身的发展规律，不可能以个人的意志为转移。对于某个人来说，他不可能在每一件事上都获得成功，他周围的人或事物的表现及发展也不会依他的意愿而改变。因此，当某些事物的发展与其对事物的绝对化要求相悖时，他就会感到难以接受和适应，让自己陷入身不由己的境地，从而极易陷入情绪困扰之中。

三是过分概括的评价。

这是一种以偏概全的不合理思维方式的表现，它常常把"有时""某些"过分概括化为"总是""所有"等。用埃利斯的话来说，这就好像凭一本书的封面来判定它的好坏一样。它具体体现在人们对自己或他人的不合理评价上，典型特

征是以某一件或某几件事来评价自身或他人的整体价值。

例如，有些人在遭受一些失败后，就会认为自己"一无是处、毫无价值"，这种片面的自我否定往往导致自卑、自弃、自罪、自责等不良情绪。而这种评价一旦指向他人，就会一味地指责别人，产生怨愤、敌意等消极情绪。我们应该认识到，"金无足赤，人无完人"，每个人都有犯错误的可能性。

四是合理化思维。

合理化就是弱反应，这是另一个极端，是对发生的事否认或不当一回事的拙劣举动。它们以这种思维方式出现："谁会当回事？""天还没塌呢！""别烦我。"及"那又怎样？"这些都是否认我们有所反应的表现。实际上，它们是骗局，即使用它们，我们就是在欺骗自己！

当我们合理化时，我们不去感觉，只试图否认这些事，即使是对我们自己。父母在对待难管教的孩子时，有时候会走到这一步，他们会这样想："我受够了。他要自暴自弃我也管不了。我放弃了，他爱怎么毁灭自己的生活就由他吧。我无所谓了。我不管了。"通常，在他们把事情多次恐怖化和应该化后，这种情绪就上来了。经过一天或更多时间的合理化后，他们通常又开始把事情恐怖化，又开始念"应该"经，从一个极端走向另一个极端。

有时候，合理化不过是吃不到葡萄就说葡萄酸，不管是将什么合理化，比如没有得到晋升、没有被录用、求爱遭拒、没有朋友、没有竞选上。我们也将恐惧合理化：现在要求加薪不是时候。或者，"走上前去向那个人自我介绍不合适，旁边人太多"。

我们能够不可思议地将不道德或不得体的行为合理化，然后骗自己接受自己的行为。"在这个班上人人作弊，所以要想不被抓太容易了。再说，老师很变态，测验又不是什么了不起的大事。"心理学家称这种类型的合理化为认知失调，意思是我们会很出格地给不好的行为贴金或使其合理化。

对于非理性信条，埃利斯于 1956 年鉴别出的 10 种神经病想法可归为此类。具体来说，这 10 种非理性信条是：①太在乎别人怎么看待你；②无法忍受在重要的任务中失败；③低耐挫性：人和事都应该朝着我要的方向发展，如果不是，那就太可怕了、太恐怖了、太不公平了；④如果发生了前面出现的糟糕的情况，那我一定要追究到某个人的责任，然后批评责备教育他一番；⑤对即将发生的事情总是抱着深深的忧虑；⑥每个问题都有完美的解决方法，我必须立即找到这些方法；⑦逃避困境和责任比正视问题要容易得多；⑧如果我事事不投入，只保持若即若离的关注，我就会永远开心；⑨因为我过去、小时候、最近发生的事情，造成了我现在的样子，我努力也改变不了；⑩坏人坏事不应该存在，当它们的确存在的时候，我真不知道该怎么办才好！

上述 10 种神经病想法在具体情况中让我们自作自受。其中，前 4 种是导致我们对人和事反应过激的主要因素。这些愚蠢想法常被我们用来把具体情况恐怖化、应该化和合理化。

受不良信条的影响，我们可能产生以下 4 种不良情绪，从而导致了你的情绪失控：一是过分烦躁，包括紧张、沮丧、恼火、担惊受怕；二是过分生气，包括戒备、被激怒、气得发疯、感觉到挫败；三是过分抑郁，表现为无精打采、一蹶不振；四是过分内疚，包括过分承担责任、过分悔恨、过分自责。

世上主要有 4 种"略带神经病"的感觉（"screwball"feelings）。也就是说，你在任何时间有了其中一种，就会无法游刃有余地应付局面，多半会面临沮丧郁闷，被某人某事牵着鼻子走。这些心理活动包括过分（excessive）烦躁、愤怒、戒备森严、抑郁、无精打采或内疚。

第一，如果你过分烦躁或紧张、沮丧、恼火、担惊受怕等，你就不能有效地处理人或事。

第二，如果你过分生气或戒备、被激怒、气得发疯、愤愤不平、嘴巴不饶

人、脾气一触即发、挫败，你就可能把事情搞砸。也许，当你的配偶批评你的工作、厨艺或教育孩子的方式时，你真的就不依不饶；也许，当你青春期的孩子蔑视或不尊重你，或你工作上的同事不能干或不合作时，你真的就大发雷霆。

第三，我们周围有上百万个潜在的诱因。我们的"使命"——如果真是当成使命来看的话——便是按自己的意愿切断我们与这些诱因的联系。这样的话，除非我们开了绿灯，否则，这些诱因不能对我们为所欲为。我们没必要逃开或躲藏，或玩什么"棍子和石头会打断我的骨头而起个外号又绝不会伤到我的心灵"的游戏。我们可以不失冷静地、直接恰当地对付诱因。如果你过分抑郁（depressed）或无精打采（burned out，一蹶不振），你会一事无成。同样，如果你因失去所爱的人，或因失去工作，或因悲惨的徒劳无功而长期抑郁，你就是让某人某事控制了你。

第四，如果你过分内疚（guilty，过分承担责任、过分悔恨、过分自责），其他人就能操纵你，你就无法做出正确判断，你就会因错误的因素做出错误的决定（因为你如此愧疚）。比如，你会让孩子们逃脱杀人的惩罚，因为你离婚了，为离婚给孩子们带来的痛苦而愧疚；或者，你花太多的私人时间与一个你并不真正喜欢的人在一起，因为"你是他唯一的朋友"——如果忽视他或她，你会觉得自己卑鄙。

关键概念来自于"过分"这个词。但什么是"过分"？什么时候你的情感是过分的？这个概念太主观了！虽然实际上，我们敢肯定在 85% 的时间里能真正辨认出什么时候自己是反应过激。有时候我们虽然不愿意承认，但我们心里清楚。如果你发火的时候有人轻叩你的肩膀，好脾气地问："你是不是反应过激了？"你很可能会抢白道："是啊——关你什么事？"这时，你往往已经知道自己反应过激了。可见，要承认这一点是很难的，但你一定觉察得到。

当然，尽管有时候你感觉强烈，却不清楚这种强度是合适的还是反应过激的。

但大多数时间里，你能知道自己什么时候是反应过激的。

因此，"过分"指的是根据你自己的判断，你反应过激了。真正的任务是如何应对：如何让尽可能多的过激反应胎死腹中，如何迅速摆脱它们，如何防止它们在将来卷土重来。有时候，承认自己反应过激而不是把脏水往他人他事上泼，是需要勇气的。

我们需要的思维方式，是以更佳之选的形式出现的。最有效的比如："我想要……""我宁可要……""我更喜欢……""如果……就更好了"。

面对挑战，不要走极端，也不要说服自己不在乎做得好不好。比如这样想：做砸了我也不在乎，我不会难过的。这样想就是合理化（恐怖化和应该化相对于合理化），就是设一个骗局。更佳之选处在恐怖化和应该化这两个危险极端的中间，能帮助你拥有健康、适度的感觉，而以前你可能反应过激。重要的是，更佳之选并不是人们时时提倡的典型的"积极念头"。更佳之选不是表明你能够或一定会成功，例如你能游刃有余地应对局面，最终都会好起来。更佳之选是说试一试也无妨，即使你会失败、被拒绝，诸如此类。

假如最坏的事真的发生了，你也不能无动于衷（这是合理化），而是能够着手应对。不管你致力于再次尝试还是另辟蹊径，都不会乱了阵脚。失败、被拒绝已够糟糕了，你还想为此而痛苦不堪吗？你选择如何想，决定了你如何应对操纵你的人、事和局面。

往更佳之选的方面想，而不是往要求方面想，这个理念非常容易理解，但不要骗自己。这一点做起来难，特别是当某人某事牵着你的鼻子走的时候。这要经过艰苦不懈的努力，但回报是惊人的！认识和鉴别恐怖化、应该化、合理化及更佳之选各自之力量的最佳办法是：看你应对其中某个事相应的行为表现如何。

从实操层面上来说，我们如何运用 ABC 理论通往成功？这需要遵循以下步骤：

步骤一：从C处开始，自问"我目前在这种情形中（A处）的感觉和行为到底有多么的不恰当？"尤其注意过度烦躁、愤怒、抑郁、内疚、沮丧、受伤感、戒备、挫败、嫉妒、威胁、恐吓、不想见人、拖延、回避、敌意，诸如此类。

步骤二：立即返回B处，自问"我对自己、这种情形中的他人或整体情况究竟有什么非理性思考方式吗？以致弄得自己如此不开心（在C处）？"找出你的恐怖化、应该化、绝对化，特别是合理化。

我们鼓励你记住前面描述的10大非理性信条。但如果太多了记不住，确保至少记住前面4个，即太担心别人对你的看法（害怕被拒绝）；我不能失败；低耐挫性（或这不公平）；怨天尤人（自怨自艾或说别人的不是）。这4种非理性信条可以在你遇上具体的不开心的事情时帮助你理清思路。

步骤三：自问"我如何质疑和对抗我在步骤一里面的非理性思考方式？"试着问"我是不是非得……不可？""我必须……吗？""我应该……吗？""我非要……不可吗？""他们就……吗？""为什么我必须或他们必须……呢？""我被拒绝、失败、没找到方法或受到不公正待遇真的就那么糟糕、那么可怕、那么恐怖吗？""为什么有人应该受到责备和攻击？""我认为重要的人就必须爱和尊重我，还是我只是想要和期待他们这样对待我？""我必须永远不失败，或只是我想要成功？""我必须永远不受到不公正的待遇，还是如果我受到公正待遇就更好了？"

这是帮助你对抗反应过激的另一个办法——接受实情，不否认、不回避、不夸大（"我的确没有考好""我的确丢了工作""这个人的确很粗鲁可憎""这些孩子的确烦人"）。接受情况真实的一面帮助你认识到你在夸大其词。你是如何夸大的，你就如何去对抗它。

步骤四：自问"我能用何种更佳之选来替代步骤一中的非理性思考方式呢？"试试"我想要……""我喜欢……""我更愿意……""如果……就更好了"，

你可以用感性词，如"我后悔这……""我感到失望……""我非常挂念……""我决心……""令人感到挫败（不方便）的是……"，只紧跟喜好倾向，避开糟糕化、可怕化、恐怖化、应该化和合理化，你能把过度焦虑、愤怒、戒备、抑郁和内疚大事化小，小事化了。

上述四个步骤一开始是在看书后去实施，这个做法虽然有些烦琐，但稍经训练，你就能够在几分钟内把这些步骤走一遍。如下所述：

步骤一：在这种情形中，我的感觉和行为是如何的不够适度？

步骤二：是什么致使自己如此不开心（过分焦虑、愤怒、抑郁、内疚或行为失常），是关于自己？是关于他人？还是关于这种情形？

步骤三：我如何挑战和对抗自己的非理性思考方式？

步骤四：我可以用何种更佳之选来替代非理性思考方式（恐怖化、应该化和合理化）呢？"我想要……""我喜欢……""如果……就更好了"如此之后，结果将有何变化？

下面我们来看看四点行动建议：

一是遇事之后立即反思。发现自己出现负面情绪之后，静下心来。拿出笔和纸，思考这个事情当中的 ABC 具体是什么。然后思考并写下是否有其他的解读。

二是每天晚上都反思一下。对单独一个事情解读的调整，不会立刻改变我们思考的问题。因为这种行为习惯已经成为一种模式，所以我们只有经常反思，才会达到改变思维模式的目的。所以，可以抽出一点时间来，按照 ABC 法则反思一下今天发生的事情。可以以日记的形式进行。

三是将反思培养成为一种习惯。都说习惯的养成要 21 天，或者 30 天，所以我们要坚持下去，每天都反思，收到反馈。长此以往，不用写下来，头脑中也会出现对当前发生事情的其他解读，思维模式会有些许改变。此时就不容易出现负面情绪了。

四是隔一段时间写一下。有的时候，我们可能感觉自己确实不那么容易产生负面情绪了，但是，有必要偶尔再以日记的形式写一下，这样会有巩固的效果，毕竟人本身的思维模式确实很强大。

接下来，我们来看看家庭情绪观测试。

为了完成家庭情绪观测试，下面我们设计了 13 种不同的场景，每个场景中都有一个孩子在向自己的父母表达某种情绪。每个场景后，我们设计了不同的父母可能做出的 ABCD 这 4 种不同回应。回想童年时期的你面对同样的场景，你的父母会给你哪种回应。如果你的父母持有不同的情绪观，在这一场景中可能会做出的回应中选择对你影响较大的一项。

场景 1：你对父母说你很生气，因为你的弟弟总是坐在车的前排。

A."没关系，反正我们一会儿就到商店了。"

B."我知道你一个人坐在后排挺无聊的，你能想一个可以自己玩的游戏吗？这样，你就不会觉得那么无聊了。"

C."你是不是有点嫉妒你弟弟啊？我小时候就很嫉妒我弟弟。"

D."我不想再听到你抱怨了。弟弟比你小，你应该知道为什么我要让他坐在我身边。"

场景 2：你叔叔发生了车祸，躺在医院里，你必须到医院去看望他。这意味着你不能和朋友们一起参加足球比赛决赛了。你很生气，恨不得摔东西解气。

A."只是场足球比赛而已，人生有时候就是这样，计划不如变化快。"

B."我可以理解你很生气，不过你可以在比赛结束后让你的朋友给你讲讲比赛的具体情况。"

C."好可惜，我知道你一直盼着参加这场比赛。"

D."你听听你自己在说什么啊！如果你叔叔知道在你心里足球比赛比他还重要，他会怎么想啊？"

场景 3：你的堂妹们又来你家玩了。她们总是把你的玩具弄得乱七八糟。你很生气，向你父母抱怨。

A. "她们只是小孩嘛，等她们走了，你再整理一下就行了。"

B. "你很生气，是吧？我知道你花了不少时间才整理好房间。等她们走了，我和你一起整理，好吗？"

C. "是呀，这些小捣蛋鬼很快就把东西弄乱了。"

D. "你得大度一点，你的玩具她们都没有。如果不想跟她们玩，你就去玩点别的吧。"

场景 4：艺术课上，你的同学总是借走你的彩色马克笔，每次还给你时，墨水都快用干了。

A. "盒子里不是有 24 种颜色吗？你再用别的颜色不就行了吗？"

B. "是挺烦人的，下次你可以让他们带些其他颜色的笔，然后你们一起混着用，好吗？"

C. "真是的，他们怎么不带自己的笔呢？"

D. "谁让你开始的时候把自己的新笔借给别人呢？那些笔很贵，你知道吗？"

场景 5：你最好的朋友搬到偏远的郊区去了。虽然你们经常打电话，偶尔还可以见面，但你还是觉得有点伤感。

A. "生活中总有人会离开你，你要学会适应。"

B. "我像你这么大时，也经历过同样的事情。我的好朋友名字叫安杰拉，她搬走后，我特别特别难过。坐到我身边来，我们一起想想怎么做才能让你觉得好受些。"

C. "总有人会离开你，碰见这样的情况是让人很难受。"

D. "你不是还有很多住在附近的朋友吗？他们不配做你的朋友吗？"

场景 6：你的一个熟人邀请了所有认识的人参加聚会，唯独没有邀请你。你

不知道为什么自己被排斥在外，觉得有些伤心。

A. "有些人就是这样变化无常，你应该知道这一点。"

B. "我知道你肯定很受伤，不过也许是她疏忽了。要不我们也邀请你的朋友来我们家聚会吧？吃完饭，我们一起列客人名单。"

C. "天啊，真是伤人啊！下次希望你的运气能好点。"

D. "我真不想听你说这些。你的社交场合够多了，我总在接送你和你的朋友，都快成出租车司机了！"

场景 7：你的狗乐乐死了，你很难过。

A. "我们再去买一条狗。"

B. "我也很难过。我一直都在想乐乐和我们一起度过的时光。要不我们找一下乐乐和我们一起拍的照片，做个剪贴簿吧！"

C. "我也很难过，乐乐是条讨人喜欢的好狗。"

D. "我不想这么说，可是孩子，乐乐只是一条狗。就算你天天难过，乐乐也回不来呀！"

场景 8：你想得到编订年报的工作，你写了申请，还参加了面试，自己感觉被选中的希望很大。可是，你却失之交臂，而你的几个好朋友都被选中了。

A. "你还可以选择其他的工作啊。"

B. "真可惜！你为此付出了很多。告诉我到底怎么回事？"

C. "考官在想什么呢？我觉得你的文章写得很好啊！"

D. "你是不是打算每次遇见不如意的事情都唉声叹气的？"

场景 9：你很怕黑，非常怕。

A. "相信我，真的没什么可怕的。"

B. "我还记得小时候我也很怕黑，很奇怪，如果看不到周围的东西，人就会莫名害怕。今晚你跟我们睡吧，明天我给你的房间安一盏夜灯。"

C. "我小时候也怕黑。"

D. "你能有点大孩子的样子吗？"

场景 10：你的耳朵发炎了，需要去看医生。每次都是这位医生给你打疫苗。你以为又要打针，哭了起来。

A. "哭是没有用的，听话。"

B. "我知道你有点怕医生，不过他能帮你治病。能告诉我，你到底害怕什么吗？"

C. "我现在还怕打针呢！"

D. "天哪！你什么时候能长大？"

场景 11：你们全家要乘飞机去加利福尼亚度假。上个月，你看了一篇关于飞机失事的新闻报道，你一直害怕坐飞机。

A. "没必要担心。"

B. "飞机失事是挺恐怖的，不过非常罕见。如果这次旅行有危险，我不会带你去的。我们一起想个可以在飞机上玩的游戏，这样是不是可以分散你的注意力呢？"

C. "我知道你的意思，不过我们已经计划好了，一定要去。"

D. "你真是爱乱操心！坐飞机比横穿马路还安全呢！总爱自己吓自己。"

场景 12：你妈妈要动手术，你非常害怕她会死在手术台上。

A. "没事的，过几天她就会康复的。"

B. "想到她要动手术，挺吓人的吧？不过没事的，医生很有经验。我们一起为她做个卡片吧，等她出院后，把卡片送给他。"

C. "想到她要动手术了，是挺吓人的。"

D. "你应该像个真正的男子汉！妈妈肯定希望她不在的时候你能勇敢点。"

场景 13：10 岁的你偷偷地喜欢上班里的一位异性同学。

A. "别担心，你长大后就明白这根本没什么。"

B. "我知道你说的是谁，给我讲讲到底怎么回事，好吗？"

C. "我知道你的感受。"

D. "拜托！10 岁的孩子懂什么啊！"

得分情况：

选择 A 的总个数为：

选择 B 的总个数为：

选择 C 的总个数为：

选择 D 的总个数为：

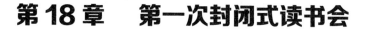

第18章　第一次封闭式读书会

2018 年 2 月 20 日，戊戌年正月初五。

深圳，南山，青青世界。来自北京、杭州、南京、武汉、成都、永州和深圳的 10 家人，陆陆续续抵达这里。其中有一位妈妈带着女儿驾车 7 个小时，一路辛劳。

于是，当全国人民还在休假的时候，11 位小朋友开始了"让阅读成为习惯"的读书会。

这也是第一次集中封闭的读书会！我将之称为"昌国私塾读书会"。

【缘起】

春节前夕，在群里的一次偶然聊天中我提到可以举办读书会，大家积极响应，为了确保读书会的质量，我将报名人数控制在 10 个家庭，没想到消息一发出，短短的 10 分钟就已满额。

这次读书会的成员，是曾经听过我"让孩子爱上阅读"音频（付费）的家长。可以说，在孩子的教育上，大家理念比较接近，在此感谢大家对我的充分信任。无论是收费的音频阅读课，还是此次公益的读书会，大家都异常积极，也看得出他们都是重视家庭教育的父母。

最为关键的是，群主刘彦君承担了所有的准备工作，包括设计、制作横幅和

胸牌，以及购买零食、文具和书籍，等等。

【策划】

曾经是华为、中兴通讯、腾讯公司等培训基地的青青世界公园，我非常熟悉。选择在这里举办亲子读书会，主要是看中了两点，一是青青世界公园是面向孩童的，有非常多的游玩项目，并且入住酒店，就可以免费不限次数入园；二是教室外面的空间比较大，且很有文艺氛围，孩子们活动起来非常方便。

举办这次读书会，基于以下几点考虑：第一，授之以鱼不如授之以渔，此次读书会最重要的就是教会家长们如何举办孩子的读书会。我选择了绘本、故事书、电影、思维类等几种不同的书籍，向大家展现不同的引导方法。第二，教孩子们如何阅读偏严肃的、非漫画类的书籍，即阅读未知。在读书会的现场，孩子们通过我的引导、家长的辅导，提升阅读技能。第三，孩子和家长通过读书会的主题书籍，学到一些有用的知识，以此提升自我。第四，家长聚会，也算是给自己放假，以共同成长的方式陪伴孩子学习，增进亲子关系。

【过程】

第一天上午，学习《爱看书的男孩》。通过林肯的故事，给孩子建立"品格＋能力＋梦想"的人生公式。我设计了19个过程性问题，配合书籍内容，从头到尾、由浅入深地提出各类问题；另外的5个综合性问题则是从故事中抽离出来，引导孩子和家长思考。

第一天下午，阅读《一个人需要多少土地》。通过列夫·托尔斯泰的小说，让孩子们学会区分"需要""想要"和"能要"。这篇文章的引导，我借鉴了学校语文老师的做法，设计了详细的教案。

第二天上午，阅读《活了一百万次的猫》。这是最难的一本书：故事太简单，但思想很深刻，涉及爱和死亡两大永恒主题。通过6位主人公的身份，告诉孩子们人类社会的两大运行规则：利益和情感。

第二天下午，看电影《小王子》。主要是教家长如何在观影后和孩子聊天。这个故事的主题是"长大"，让孩子们了解成人世界的规则（利益），去体会家长没有说出口的爱（情感）。

第三天，学习《六顶思考帽》。对于低年级（大部分是 2 ~ 3 年级的小学生）的孩子来说，这个主题有些深奥、抽象，所以我安排了 2/3 的天数来学习。我希望通过这本书，教家长们如何进行非故事类书籍的引导。

第三天下午，应家长的要求，我安排了儿子（公众号：天一的思考）来和大家见面。儿子用 20 分钟就阅读与学习进行了分享，随后用了 70 分钟围绕家长和孩子们提出的问题进行互动。我发现，孩子们更愿意听孩子的，孩子们争先恐后提出自己的问题，比如自主学习的方法、阅读习惯如何养成、与同学之间的相处之道、如何评价看漫画书等，并就这些问题进行了充分的交流。

第四天，是伤感的总结与告别。分为 3 个环节：一是孩子们在家长的帮助下，总结 3 天的收获，每一个孩子站到讲台上和大家分享。每次课程结束后，孩子们会把自己的收获写下来贴到展示墙上，所以，读书会最后的分享与总结难度不大。"以后要带着问题看书"的观点，出自一位小学二年级的小女孩，着实让我惊喜。二是让孩子们给其他孩子写"表扬信"，告诉自己在这短暂的四天中发现对方的优点。孩子们很在意其他孩子的看法，如果没有收到，会很伤心。当我后来让大家写下每一个人的优点后，每一个孩子都观察到了他人的优点并告诉大家要向其学习。三是家长给自己的孩子进行反馈。3 天，家长坐在后排全程观察自己孩子的表现，这对绝大部分人来说，是第一次，也是一次非常难得的机会去全面了解孩子在课堂上的表现。

【沟通】

除了课堂上的学习，每天晚上 10 位家长都要在我房间开会，对白天的学习进行总结。我介绍今天的引导思路，然后大家谈自己的感受，最后，我把每门课

程的教学设计（或者引导语）发给大家。

晚上座谈会的主题，都是关于孩子的培养。大家不仅谈白天观察到的（发生在自己孩子身上的）问题，还谈了平时在生活中遇到的问题，所以，每次座谈会都超过 2 个小时。家长们针对当前家庭教育面临的难题、困惑都充分发表了自己的看法，有针对性地提出了很好的建议。

读书会一开始，我设计了"家长观察表"，坐在后排的家长，不仅要观察孩子的表现，还要思考自己；不仅要观察自己孩子的表现，还要观察别人家孩子的表现；不仅要关注自己孩子在阅读方面的表现，还要观察孩子在人际方面的表现，共 20 多个观测点。座谈会结束后，家长要根据"观察表"和自己的孩子进行比较充分的沟通。

【娱乐】

在学习之余，孩子们游玩青青世界，这大大加深了小伙伴之间的交流与友谊，也让孩子们在完全陌生的环境中学会了如何去处理人际关系。乒乓球台则让家长们有了一显身手的机会，特别是群主，专业的水准，用反手陪我们打球，霸气十足。

【离别】

相见时难别亦难。美好的时光总是短暂的，分别时孩子们与我道别，从一开始的陌生到离别时的难舍：有孩子给我写了一封温暖的信；有 3 个小女孩含着泪与我紧紧拥抱不舍离去；有 1 位外表霸气的男生在飞机上伤心地哭泣不舍大家……孩子们的纯真感动着我及每一位在场的家长。

希望头尾四天的阅读会不仅是大人小孩欢聚一堂的盛会，还能在孩子的成长道路上留下烙印。

2018 年，共举办了 7 期封闭式读书会，感谢各位家长和孩子对我的信任。

鸣 谢

对我来说，2018年特别值得纪念，因为在大家的推动下，读书会从家庭走向了社会，从现场走向了网络。在这一年里，带孩子阅读的思想越来越成熟，私塾课程体系越来越完善，读书会形式越来越丰富。在这个过程中，太多太多的家长给了我极大的帮助，没有他们，就没有如今的读书会。

吃水不忘挖井人，首先要感谢的是深圳麒麟中学的段艺娜老师。在她的启发下，我用读书会的方式培养孩子，找到了亲子教育的一片新天地！没有她，就没有读书会。段老师改变了我儿子，改变了我的家庭，改变了被参加读书会的孩子和家庭，善莫大焉！

读书会能够走到现在，最需要感谢的是刘彦君家长。从2016年开始，她不断询问我如何带孩子阅读，不断尝试我给的方法，然后向我反馈，就是在这样反复尝试后才逐步完善了读书会体系。第一期封闭式读书会，也是在她的促动下举办的。她还担任了网络读书会的群主，组织大家交流、分享。没有她，读书会不会走到现在。

读书会能够扩大影响，特别感谢好友郭成（即琢磨先生，他的公众号是"走读生"，ID是：zoudushengTRL），是他给我搭建了小鹅通分享平台。通过这个平台，更多的人知道了我的读书会；通过这个平台，认同我理念的家长们组建了微信群，越来越多的人加入了"带孩子爱上阅读"的行列。

读书会能够坚持下来，离不开那些致力于让孩子爱上阅读的家长的支持和

信任。

通过赵隽隽、吴琪夫妻的牵线，我才得以认识段老师，才有了我的初心：为我的孩子举办读书会。

第一次封闭式读书会，这是我为更多孩子举办读书会的起点，我永远不会忘记。感激家长们对我的极大信任，在春节期间从不同城市带着孩子前来深圳参加为期4天的读书会。她们（对，是"她"们）是：刘彦君、王秀、王杨琴、肖婷、洪巧英、吴玲、叶贤绵、陈素贞、利媛。

家长的热忱我甚是感激。比如王秀不仅协助组织深圳的封闭式读书会，还为我"招商引资"；还有那些在不同城市为我提供展示读书会平台的家长。

朋友的集思广益使读书会更具内在价值。好友郭成、金树松、佟伟富、刘涛海对读书会的内容给予了专业性的指导，每一次的相聚，我们都会深入讨论读书会的内容、形式和方法。

读书会的推广坚定了我的信念。刘彦君、佟伟富、宋锦轶、汤佳波等越来越多的家长在自己的城市，为自己的孩子举办线下读书会，他们通过实践不仅给了我很好的建议，还让我、让更多的家长看到了读书会对于孩子成长的实际意义。

感谢参加封闭式读书会的家长们：毕静、冯林高婷夫妇、汤佳波、李华丽、郑维珊、付琳华、向双双、刘澍秋、刘光美、佟伟富、杨雪梅、王学军、范保群、张俊、张富建、陈悠、李媞……

感谢参加网络读书会和现场读书会的家长们，你们的信任给予了我最大的鼓励。

感谢在"网络读书会"群里分享的孩子们：王天一、曾德沂、左丁元、汤承瀚、苏昊明、王俊霖、程璟、利昕瑞、马馨语、刘一诺、范一由、易哲瀚、张恩睿……

家长的寄托是我砥砺前行的动力，孩子们的成长是读书会存在的最大意义。诚挚地感谢你们！